AF185549

Josef Maiwald

Smart entscheiden!

Methoden und Strategien, die Sie voranbringen

privat, beruflich, gesellschaftlich

A-BiS Gesellschaft für Unternehmensentwicklung mbH

Holzkirchen

Allen Menschen gewidmet,
die kooperativ und
im Konsens
etwas bewegen wollen.

Bibliografische Information
Die Deutsche Bibliothek verzeichnet diese Publikation in der Deutschen Nationalbibliografie; detaillierte bibliografische Daten sind im Internet über <http://dnb.ddb.de> abrufbar.

Geschützte Warennamen (Warenzeichen) werden nicht besonders kenntlich gemacht. Aus dem Fehlen eines solchen Hinweises kann nicht geschlossen werden, dass es sich um einen freien Warennamen handelt.
Das Werk, einschließlich aller Teile, ist urheberrechtlich geschützt. Jede Verwertung außerhalb der engen Grenzen des Urhebergesetzes ist ohne Zustimmung des Verlages unzulässig und strafbar. Das gilt insbesondere für Vervielfältigungen, Übersetzungen, Mikroverfilmung und die Einspeicherung und Verarbeitung in elektronischen Systemen.

© 2020 A-BiS Gesellschaft für Unternehmensentwicklung mbH, D-83607 Holzkirchen

Verlag und Druck: tredition GmbH, Halenreie 40-44, 22359 Hamburg

Text: Josef Maiwald, smarterlife.de
Umschlaggestaltung: Magdi Schadt, sonnenratten.com

ISBN: 978-3-347-11603-0

Inhaltsverzeichnis

Vorbemerkung von Siegfried Schrotta

Wir leben in einer Zeit, in der globale Entwicklungen immer deutlicher in unser Bewusstsein treten. Die Frage bleibt ein Rätsel, warum unsere Spezies - trotz überragender technologischer Errungenschaften - die eigenen Lebensgrundlagen zerstört und sich wie blind dem Risiko der Selbstzerstörung ausliefert. Wären wir unvoreingenommen, so müsste uns auffallen, wie verkrampft diese menschliche Gesellschaft im Rahmen ihrer selbst geschaffenen Beschränkungen und Vorschriften lebt und leidet. Ganz zu schweigen von den ideologisch oder religiös verhetzten Massen, die sich gegenseitig nach dem Leben trachten.

Offensichtlich haben wir eine Zivilisation entwickelt, die deutliche Schwächen, also Potenziale zur Verbesserung hat. In wichtigen Fragen stehen Entscheidungen an, die die Weichen in die richtige Richtung stellen sollten – global, politisch, aber auch für jeden Einzelnen.

Dieses Buch beginnt im direkten Umfeld jedes Einzelnen. Es hilft uns, unsere Entscheidungsprinzipien zu hinterfragen und zu verbessern. Stimmige, „smarte" Entscheidungen führen uns zu besseren Ergebnissen. Ausgehend von einfachen, leicht nachvollziehbaren Praxisbeispielen beleuchtet das Buch nach und nach komplexere und schwierigere Entscheidungssituationen. Schließlich gibt es einen Ausblick, welche Vorteile bessere Methoden auch für unsere Demokratie bieten können.

Bleibt zu wünschen, dass die Realität dieser Vision folgt und dass nach und nach eine konstruktive Entscheidungskultur in vielen Gesellschaftsbereichen wächst. Mit den hier beschriebenen Methoden bieten sich den Menschen endlose Vorteile, verbunden mit der Hoffnung, eine „Kultur des Entscheidens zum Wohle aller" werde sich ihrer heilsamen Wirkung wegen wie von selbst ausbreiten.

Deshalb begrüße ich das Bemühen von „SmarterLife", u.a. auch das Systemische Konsensenieren mit seinen bahnbrechenden, der Gesellschaft noch fehlenden Fähigkeiten zur Selbstorganisation bekannt zu machen, die nicht nur Einzelnen oder kleinen Gruppen Vorteile bieten, sondern die Kraft haben, der ganzen Gesellschaft bis in die höchsten Ränge von Wirtschaft und Politik großen Nutzen zu schenken.

Mit den besten Wünschen für uns alle
Siegfried Schrotta, Graz im Januar 2014 und Mai 2019

Einleitung

> „Es gibt kein ›neutrales‹ Leben. Immer bist du vor Ent-
> scheidungen gestellt, mag es sich um an sich noch so
> geringfügige Dinge handeln."
>
> Alois Maria Wurm-Arnkreuz (1843 - 1920)

Unsere Entscheidungen sind maßgebend für unser Leben. Die Qualität unserer Entscheidungen hat starken Einfluss auf unsere Lebensqualität. Dabei machen wir uns kaum bewusst, welche Entscheidungen grundsätzlicher Art wir bereits getroffen haben und wie viele kleinere Entscheidungen wir im Laufe eines Tages treffen. Ständig stehen wir vor neuen Entscheidungen: Was ziehen wir heute an? Welches Angebot von welchen Lieferanten sollen wir annehmen? Welches Handy oder Smartphone kaufen wir uns als nächstes, wählen wir es mit oder ohne Vertrag? Wie soll es in der Karriere weiter gehen? Was unternehmen wir am Wochenende? Was soll es zum Abendessen geben? Kaum ist eine Sache ent-schieden, ergeben sich neue Optionen. Und schon sind wir wieder gefordert, neue Informationen zu sammeln, abzuwägen und eine Wahl zu treffen.

Manchmal fallen Entscheidungen leicht. Oft genug sind sie aber schwierig, weil Informationen fehlen oder unklar ist, wie diese gewichtet werden sollen. „Wer die Wahl hat, hat die Qual" sagt schon der Volksmund.

Als wäre es nicht schwierig genug, mit uns selbst ins Reine zu kommen, verkompliziert sich die Sache mit den Entscheidungen noch, wenn auch Partner, Familienmitglieder, Kollegen, Nachbarn usw. involviert sind. Dann gilt es schon wieder abzuwägen: „Gehe ich meinen eigenen Weg? Suche ich eine einvernehmliche Lösung? Und wie bringe ich die unterschiedlichen Vorstellungen, Bedürf-nisse und Anrechte unter einen Hut?"

Auf diese Fragen werde ich in den folgenden Kapiteln ein-gehen. Ich habe Anregungen zusammengestellt, die Ihnen helfen werden, Ihre Entscheidungen auf eine stabile Basis zu stellen. Auf dieser Grundlage wird es Ihnen künftig – in Kombination mit einigen Tipps – leichter fallen, gute und tragfähige Entscheidungen zu treffen. Für komplexere Entscheidungen und für Gruppenentscheidungen stelle ich Ihnen mit dem „Systemischen Konsensieren" eine flexible und wirkungsvolle Methode vor. Der Name beruht darauf, dass dieses Entscheidungsprinzip systembedingt eine Dynamik entfaltet, die an den Konsens heranführt.

Den beiden Entwicklern der Methode, Siegfried Schrotta und Erich Visotschnig möchte ich an dieser Stelle meinen besonderen Dank aussprechen. Sie haben nicht nur die systembedingten Schwächen traditioneller Entscheidungsverfahren aufgedeckt, sondern über Jahrzehnte einen Lösungsansatz und daraus eine praktikable Methode entwickelt. Bis heute setzen sie Zeit und Geld ein, um die Methode immer noch weiter zu vervollkommnen und Informationen und Tools zur Verfügung zu stellen. Für fachliche Diskussionen und Erfahrungsaustausch waren und sind sie für mich immer ansprechbar. Siegfried Schrotta hat auch viele Stunden an diesem Buch korrekturgelesen und mir wertvolle Anregungen gegeben.

Danken möchte ich auch Georg Paulus, der mich auf das Konsensieren aufmerksam gemacht hat und ohne dessen Begeisterung ich mich vielleicht nie näher mit diesem Ansatz beschäftigt hätte. Auch er hat einen wesentlichen Anteil an der Weiterentwicklung und Verbreitung – auch mit ihm habe ich viele erkenntnisreiche Diskussionen geführt.

Liebe Leserin, lieber Leser, vielen Dank, dass Sie dieses Buch in Händen halten. Ich weiß Ihre Zeit zu schätzen und habe viel dafür getan, dass Sie mit wenig Zeitaufwand wertvolle Impulse und Informationen erhalten, die Sie persönlich und das Umfeld, in dem Sie wirken, „entscheidend" voranbringen.

Viel Spaß auf dem Weg zu smarten Entscheidungen!

Josef Maiwald

Warum besser smart entscheiden?

Entscheiden bedeutet Weichen stellen: Dem Thema „Entscheidungen" sollten Sie große Bedeutung einräumen. Wie in der Einleitung erwähnt, gestalten wir unser Leben durch eine Vielzahl von Entscheidungen – sehr viele kleine (z.B. Was ziehe ich heute an?), viele größere (z.B. Welches Auto kaufe ich mir?) und einige sehr große, gewichtige (z.B. Wo und mit wem möchte ich wohnen?). Jeder Beschluss – ob klein oder groß – bedeutet eine Weichenstellung in eine noch unbekannte Zukunft. Die Entscheidungen der Vergangenheit haben uns da hingeführt, wo wir gerade stehen. Und heute haben wir wieder die Chance, die für unsere Zukunft richtigen Entscheidungen zu treffen. So wichtig Entscheidungen insgesamt sein können, sollten wir doch einer einzelnen Entscheidung oder Fehlentscheidung nicht zu viel Gewicht geben. Es gibt selten die sprichwörtlichen „einmaligen Gelegenheiten". Das Leben hält meist einen Blumenstrauß an Möglichkeiten bereit. Es macht daher wenig Sinn, einer einzelnen vergebenen Chance zu lange nachzutrauern. Besser ist es, nach neuen, guten Gelegenheiten Ausschau zu halten.

Jede aufgeschobene Entscheidung belastet: Nicht getroffene Entscheidungen kosten Energie – speziell wenn Sie sich dadurch hin- und hergerissen fühlen oder wenn Ihnen eine Entscheidung „Kopfzerbrechen" oder „schlaflose Nächte" bereitet.

Jede gute Entscheidung befreit: Sind Sie erst einmal entschlossen und haben ein gutes Gefühl dabei, können Sie erleichtert aufatmen. Sie brauchen sich gedanklich nicht mehr mit den anderen Optionen auseinanderzusetzen und können Ihre Energie wieder zielgerichtet einsetzen.

Vorentscheidungen und Vorurteile sind oft gut, oft aber auch hinderlich: Es wäre viel zu aufwändig, wenn wir bei jeder kleinen Entscheidung komplett neu überlegen müssten. Daher verlassen wir uns auf einen Satz von mehr oder weniger bewährten Vorentscheidungen und Vorurteilen, um den Entscheidungsprozess abzukürzen. Wir kaufen immer wieder die gleichen Marken, in den gleichen Geschäften, und wir hegen gute und schlechte Vorurteile über unsere Mitmenschen. Wir haben irgendwann entschieden, welchen Experten wir vertrauen und welchen nicht. Es lohnt sich, diese Vorurteile von Zeit zu Zeit auf den Prüfstand zu stellen. Im Kapitel „Smarte Grundlagen für bewusste Entscheidungen" werde ich näher auf einige besonders lohnenswerte Aspekte eingehen.

Rechtzeitige, pro-aktive Entscheidungen eröffnen Handlungsspielräume: Werden Sie rechtzeitig aktiv, wenn Sie ungewöhnliche „Bauchschmerzen" haben. Ist der Blinddarm erst einmal durchgebrochen, bleibt nur noch die Notoperation.

An dieser Stelle möchte ich Ihnen einen Fall beschreiben, den ich vor einiger Zeit mit einer Klientin im Rahmen ihres persönlichen Talentmanagements hatte. Vor einigen Jahren kam im Juli eine Frau um die vierzig auf mich zu. In der Firma, in der sie angestellt war, wurde innerhalb kurzer Zeit schon zum dritten Mal umstrukturiert. Es gab kaum offizielle Informationen, aber die Vermutung lag nahe, dass es wieder Entlassungen geben würde. Die letzten Male war sie nicht betroffen, aber diesmal hatte sie ein schlechtes Gefühl. Außerdem überlegte sie, ob sie sich nach über 20 Jahren Firmenzugehörigkeit und Tätigkeit im selben Beruf nicht komplett umorientieren sollte. Wir nutzten die Monate August und September, um im Rahmen eines Coachings zu überlegen, welche Optionen sie hatte und welche für sie sinnvoll wären. Wir entschieden uns, zwei Strategien parallel zu verfolgen: a) die Fühler in Richtung andere Arbeitgeber auszustrecken b) Angebote für Weiterbildungen und Zusatzqualifikationen zu sondieren.

Als ihr dann im November – nach einigen Monaten der Unsicherheit und ohne Rücksprache – von ihrem Arbeitgeber die Entscheidung mitgeteilt wurde, sie würde aus betrieblichen Gründen in einen anderen Bereich versetzt werden, konnte sie postwendend die Kündigung überreichen. Die vorgesehene Stelle war für sie überhaupt nicht attraktiv. Dagegen hatte sie in der Zwischenzeit aus einer Position der Stärke heraus Vorstellungsgespräche geführt, für ein gegenseitiges Kennenlernen probegearbeitet und ein konkretes Angebot in der Hand, das sie nur noch unterschreiben brauchte. Wie wäre es ihr wohl ergangen, wenn sie – wie viele ihrer Kollegen und Kolleginnen – abgewartet hätte, wie das Management über ihr Schicksal entscheidet?

Methoden unterstützen den Prozess der Entscheidungsfindung: Noch vor wenigen Jahren hätte ich behauptet, ich sei ein entscheidungsfreudiger Mensch, würde in den meisten Fällen richtig liegen und daher keine besondere Methode zur Entscheidungsfindung benötigen. Die intensive Auseinandersetzung mit dem Thema und mit unterschiedlichen Methoden hat mich hier eines Besseren belehrt. Wie sehr ich diese Methoden unbedingt „gebraucht" hätte, ist schwer zu sagen. Auf alle Fälle bin ich mit einem bewussten Methodeneinsatz in vielen Situationen besser gefahren, als dies ohne der Fall gewesen wäre. Besonders wenn in einer Gruppe konträre Vorstellungen bestehen, sind bessere Methoden als die übliche Mehrheitsentscheidung unabdingbar. Auf die Hintergründe und geeignetere Herangehensweise werde ich später noch ausführlich eingehen.

„Kein Handeln hat weitreichendere Konsequenzen als der Akt des Entscheidens. Alles was wir sind, ist ein Ergebnis der Entscheidungen, die wir bereits getroffen haben. Was wir heute sind, ist das Resultat der Entscheidungen, die wir gestern getroffen haben; alles was wir morgen sein werden, ist das Ergebnis der Entscheidungen, die wir heute treffen."

Aiden Wilson Tozer (1897 -1963), amerik. Pastor und Autor

Der Weg zum smarten Entscheiden

Die meisten Entscheidungen, die tagtäglich anstehen, können Sie relativ schnell und ohne die Anwendung besonderer Methoden fällen. Die folgenden Überlegungen helfen Ihnen, zügig und ohne nachträgliche Reue zu entscheiden.

1. Stellen Sie sich nötigen Entscheidungen

Zum Charakter von „Ent-Scheidungen" gehören oft eine gewisse Unsicherheit oder ein wenig Wehmut. Sie stehen am Scheideweg und müssen wählen: ja oder nein, links oder rechts, sich von bestimmten Dingen trennen oder immer weniger Platz in der Wohnung oder im Büro zu haben. Wenn Sie zuwarten in der Hoffnung, dass Sie eines Tages den eleganten Dreh finden, wie Sie alle Alternativen vereinen oder alle Unsicherheiten ausräumen können, verpassen Sie höchstwahrscheinlich den richtigen Zeitpunkt für die Entscheidung. Bedenken Sie, keine Entscheidung ist auch eine Entscheidung: nämlich die Entscheidung, den Lauf der Dinge zu akzeptieren und anderen die Initiative zu überlassen. Entschließen Sie sich also, dass Sie selbst die Initiative ergreifen und mit Ihrer Entscheidung die Weichen bewusst und aktiv stellen wollen.

2. Überprüfen Sie die Fragestellung

Wenn Sie von einem Vertreter gefragt werden: „Passt es Ihnen für den Präsentationstermin besser am Dienstag oder am Donnerstag?", sollten Sie sich die Antwort auf die Frage erst überlegen, wenn Sie bereits für sich geklärt haben, dass der Termin überhaupt für Sie interessant ist. Ebenso gilt: Bevor Sie sich Gedanken machen, wie Sie die nächste Weihnachtsfeier organisieren, ist es vielleicht sinnvoll, etwas weiter gefasst zu fragen, „Wie gestalten wir den nächsten Teamevent?". Mit der Fragestellung treffen Sie bereits eine Vorentscheidung. Sie geben damit die Richtung vor, in der Sie nach einer Lösung suchen. Besonders vorsichtig sollten Sie mit Alternativ-Fragen sein. Wenn

Sie nur nach „ja oder nein", „entweder – oder" fragen, obwohl auch Zwischenlösungen möglich sind, fördern Sie ein Schwarz-Weiß-Denken, das selten zu wirklich guten Lösungen führt.

3. Hören Sie auf Ihr Bauchgefühl bzw. auf Ihre Intuition

Sicher haben Sie auch schon öfter die Erfahrung gemacht, dass Sie mit Ihrem Bauchgefühl oder Ihrer inneren Stimme goldrichtig lagen. Lassen Sie sich von anderen – wie etwa Verkäufern – nicht zu einer Entscheidung drängen, die Ihrer Intuition widerspricht. Lassen Sie sich auch nicht z.B. durch künstlichen Termindruck wie etwa ein zeitlich befristetes Sonderangebot unter Druck setzen. Entscheidungen mit einem unguten Bauchgefühl gehen nach meiner persönlichen Erfahrung fast immer daneben.

> „Bei der Erfassung der richtigen Entscheidungen stehen meistens zwei Dinge im Gegensatz dazu: Die Eile und der Zorn."
> Thukydides (um 455 - 396 v. Chr.), griechischer Flottenkommandant

4. Alternativen ermitteln

Sammeln Sie in einer Art Brainstorming, welche Alternativen Sie überhaupt haben. Zensieren Sie in dieser Phase noch nicht. Die Erfahrung zeigt, dass oft der erste Gedanke der richtige ist. Andererseits kommt man oft auch über eine zunächst abwegig erscheinende Idee auf eine wirklich innovative und gute Lösung.

5. Informationen einholen

Beschaffen Sie sich die relevanten Informationen wie etwa Preis, Lieferzeiten, rechtlich zu berücksichtigende Aspekte, mögliche Auswirkungen, Folgen und Nebenwirkungen usw. Was kann im günstigsten Fall eintreten, was im ungünstigsten? Wie wahrscheinlich sind diese Extremfälle?

6. Alternativen abwägen – sachlich logisch und intuitiv

Wägen Sie nun die Alternativen ab. Gut bewährt hat sich, wenn Sie getrennt eine emotional-intuitive und eine sachlich-logische Bewertung vornehmen. Was sagt Ihr Bauchgefühl zu den einzelnen Alternativen? Wie schneiden die Alternativen ab, wenn Sie auf einem Stück Papier Vor- und Nachteile gegenüberstellen? Die Frage „Was würde mir mein bester Freund, meine beste Freundin raten?" ist in emotional schwierigen Situationen oft hilfreich.

7. Die Entscheidung

Schließlich kommt der Moment der Entscheidung. Einfach sind Entscheidungen dann, wenn sich beim emotional-intuitiven und sachlich-logischen Abwägen ein klarer Favorit herauskristallisiert. Aber auch, wenn dieser klare Fall nicht eintritt, sollten Sie sich entscheiden. Denn eine notwendige Entscheidung, die Sie zu spät treffen, ist immer falsch.

Ein kleiner Tipp, wenn die Entscheidung einmal besonders schwer fällt: Entscheiden Sie zur Probe. Fällen Sie die nötige Entscheidung sofort, setzen Sie sie aber erst 24 Stunden später in die Tat um. Tun Sie dies aber auch wirklich, wenn sich in der Zwischenzeit kein anderer klarer Favorit herauskristallisiert hat.

> „Es ist besser, unvollkommene Entscheidungen durchzuführen, als ständig nach vollkommenen Entscheidungen zu suchen, die es niemals geben wird."
>
> Charles de Gaulle (1890-1970), 1958-69 franz. Staatspräsident

8. Stärken Sie Ihre Entscheidungsfreude und -kompetenz

Einige Autoren sprechen vom „Entscheidungs-Muskel" und meinen damit, dass sich der Mut zu Entscheidungen trainieren lässt. Es gibt aber auch wertvolle, zum Teil wenig bekannte Methoden, die die Qualität von Entscheidungen maßgebend verbessern – sowohl Einzel- als auch Gruppenentscheidungen.

Intuition

Die Intuition bzw. das Bauchgefühl ist eine Ressource, die Sie unbedingt intensiv nutzen sollten. Manchmal haben wir mit einer Entscheidung ein komisches Gefühl, obwohl nach Lage der Fakten alles klar sein sollte. Nicht selten stellt sich später heraus, dass wir mit dem Gefühl richtig lagen.

Wie kommt das? Zur Erklärung möchte ich Ihnen eine kleine Geschichte erzählen, die ohne wissenschaftliche Erläuterungen klar macht, wie unser Gehirn funktioniert.

Als Schüler habe ich regelmäßig am Fließband in einer Knäckebrotfabrik gearbeitet. Bei einer der Tätigkeiten liefen die fertigen Knäckebrot-Päckchen an mir vorbei in eine Stapelvorrichtung. Immer zwei Päckchen wurden hochgestapelt, bis fünf Lagen übereinander waren. Diese zehn Päckchen wurden als erste Lage in einen Karton geschoben. Danach kam die zweite und letzte Lage und der Karton war voll. Der Karton wurde automatisch auf ein Rollband gesenkt. Meine Aufgabe war es, die vorgefertigten Kartons zu falten, zunächst unten zuzukleben, an die Stapelvorrichtung zu stecken sowie den vollen Karton auch oben zuzukleben und auf einer Palette aufzustapeln. Das hört sich vielleicht jetzt etwas kompliziert an. Aber die Arbeit war relativ monoton. Nach spätestens einer Stunde war man zu 100% eingearbeitet und konnte sich geistesabwesend seinen Träumen hingeben. Eines Tages erwachte ich plötzlich aus meinen Träumereien. Ich hatte eines der Päckchen aus dem vollen Karton genommen, es so umgedreht, dass ich die Unterseite sehen konnte. Und siehe da, das Päckchen war beschädigt. An der Seite, die ich bei vollem Karton sehen konnte, konnte ich keine Auffälligkeit entdecken. Die anderen Päckchen waren alle unbeschädigt. Ich hatte also aus unerfindlichen Gründen zielsicher ein Päckchen entnommen und näher untersucht. Die Maschine lief unerbittlich weiter. Also musste ich das Päckchen schnell austauschen. Nun hatte die

Packstraße für eine ganze Weile meine volle Aufmerksamkeit. Ich beobachtete die Päckchen auf ihrem Weg in die Stapelvorrichtung. Ich nahm Stichproben und ging jeder Auffälligkeit nach. Alle Anstrengung war umsonst – die nächste halbe Stunde fand ich kein beschädigtes Päckchen mehr. Es musste wohl ein komischer Zufall gewesen sein. Also gab ich mich wieder meinen Träumen hin.

Es dauerte eine ganze Weile, da stand ich wieder da und hatte ein defektes Päckchen in der Hand. Das „Spiel" wiederholte sich bestimmt noch 5- bis 6-mal. Immer, wenn ich ganz aufmerksam war, konnte ich nichts entdecken. Und wenn ich meine Gedanken ganz woanders hatte, pickte ich zielsicher die defekten Päckchen heraus.

Ich würde die Geschichte hier nicht beschreiben, wenn ich nach mehreren Stunden nicht doch noch auf eine kaum bemerkbare Feinheit gekommen wäre. In unregelmäßigen Abständen wurden vorne in der Packstraße einzelne Päckchen beschädigt. Dadurch boten sie der Vorrichtung, die die Päckchen in den Karton schob, einen geringfügig höheren Widerstand. Durch den etwas höheren Druck waren die defekten Päckchen etwas flacher als die anderen. Dies war mir wohl intuitiv komisch vorgekommen. Daher hatte ich die Päckchen aus dem Karton genommen und genauer untersucht. Interessanterweise war es mir bewusst nicht zugänglich, was meine Aufmerksamkeit erregte. So ein Knäckebrot-Päckchen ist ja nun wirklich klein und übersichtlich. Dennoch benötigte ich mehrere Stunden, um es auch mit bewusster Aufmerksamkeit zu realisieren.

Unser Gehirn arbeitet offensichtlich in parallelen Prozessen. Wenn wir es zulassen, gelangen aus diesen Prozessen immer wieder Erkenntnisse ins Bewusstsein, die goldrichtig sind.

Nach Gerd Gigerenzer (2008) benötigen wir Erfahrung, um mittels vereinfachenden Faustformeln schnell und meist sehr praxistauglich Entscheidungen zu fällen. Solche Faustformeln erlauben es zum Beispiel die Flugbahn eines Balles abzuschätzen. Wollten wir die Flugbahn mathematisch exakt bestimmen, würde jeder Ball am Boden liegen, noch bevor wir überhaupt angefangen haben zu rechnen. Gigerenzer beschreibt viele Experimente von der Intuition von Spitzensportlern in Spielsituationen, von Zollbeamten oder von Kaufentscheidungen, in den sich erstaunliche Leistungen der Intuition zeigten. Häufig sind intuitive Entscheiden schnell und gut – manchmal werden sie durch längeres Überlegen schlechter.

> „Intuition ist eine Form von unbewusster Intelligenz. Die meisten Bereiche unseres Gehirns können sich nicht sprachlich ausdrücken. Das ist Intuition: man spürt etwas, aber man kann es nicht erklären. Dennoch können solche Bauchgefühle zu besseren Entscheidungen führen als langes Nachrechnen."
> Gerd Gigerenzer (*1947), Psychologe, Direktor am Max-Planck-Institut für Bildungsforschung

Bei allen Vorteilen der Intuition: leider gibt es auch die Kehrseite. Auch die Intuition kann täuschen. So kann es vorkommen, dass Sie einen Menschen nicht mögen, bis sie endlich bemerken, dass er Sie aufgrund äußerlicher Merkmale an einen Lehrer erinnert, mit dem Sie Probleme hatten. Intuitiv mag es naheliegend sein, den Besuch beim Zahnarzt trotz Schmerzen noch hinauszuschieben. Viele Menschen neigen leider dazu, Menschen, mit denen sie einen Konflikt haben, aus dem Weg zu gehen anstatt ein klärendes Gespräch zu suchen.

Tipps zur Intuition

- Die Intuition ist neben dem rationalen Abwägen eine zusätzliche Ressource, die uns vor Fehlentscheidungen bewahren bzw. helfen kann, stimmige Entscheidungen zu treffen.

- Gerade in komplexen, scheinbar unüberschaubaren Situationen oder wenn schnelle Entscheidungen nötig sind, liegen wir mit der Intuition oft erstaunlich richtig.

- Über sogenannte „Somatische Marker" (siehe Lexikon), also über körperliche Empfindungen erhalten wir deutliche Hinweise unserer Intuition. Gute Entscheidungen gehen meist einher mit einem inneren Gefühl der Richtigkeit und Stimmigkeit.

- Es ist nicht immer einfach klar zu unterscheiden. Was sagt meine Intuition – also mein Bauchgefühl und meine innere Stimme – und inwiefern habe ich mich durch andere – also von außen – beeinflussen lassen? Mit Übung und der Reflexion von Erfahrungen können wir aber lernen, diese beiden Aspekte immer besser auseinanderzuhalten.

- Sie sollten immer versuchen, Ihr Bauchgefühl und Ihr logisches Denken bzw. Ihre rationalen Argumente in Einklang zu bringen. Ist dies der Fall, können Sie relativ sicher sein, dass Sie richtig liegen. Wenn nicht, ist es eher ratsam mit der Entscheidung noch etwas zu warten. Oft hilft es, die Hintergründe näher zu beleuchten, eine Nacht drüber zu schlafen, sich Rat einzuholen oder die Fragestellung mit neuen Methoden zu bearbeiten.

Essenz:

Für Entscheidungen nutze ich möglichst die Vernunft und die Intuition. Und ich entscheide im Einklang mit Intuition und Vernunft.

Synergielösungen statt 2-Alternativen-Denken

Der Begriff „Synergie" hat leider nicht den besten Ruf, da er für viele assoziiert ist mit „Rationalisierung" und „Personalabbau" in Unternehmen. Ich möchte ihn hier im ursprünglichen Sinne verwenden. Synergie beutet nämlich das Zusammenwirken von Lebewesen, Stoffen oder Kräften im Sinne von „sich gegenseitig fördern" und eines daraus resultierenden gemeinsamen Nutzens.

Wenn es um Entscheidungen geht, tritt leider allzu oft der Gemeinsinn in den Hintergrund und ein egoistisches Machtgeplänkel in den Vordergrund. Systematisch verstärkt wird dies durch eine ungünstige Fragestellung, die Steven R. Covey als „2-Alternativen-Denken" bezeichnet. Die beiden Alternativen können sein: Freund <-> Feind, Regierung <-> Opposition, Flucht <-> Angriff, mein Weg <-> dein Weg, pro <-> kontra, ja <-> nein, entweder <-> oder. Diese simple Zweiteilung wird der Komplexität der Welt meistens nicht gerecht. Es geht selten um schwarz oder weiß – in den meisten Fällen sind auch Schattierungen möglich oder wir bringen sogar auch noch unterschiedliche Farben in Spiel.

Das Fatale am 2-Alternativen-Denken ist, dass wir im Kontext von Entscheidungen schnell anfangen, in Lagern zu denken. Wir suchen einseitig nach Argumenten, die unsere Position stärken und die Position der Gegner schwächen.

Unweigerlich driften wir auseinander, anstatt aufeinander zuzugehen. Wenn 2-Alternativen-Denker merken, dass sie im Kampf unterliegen könnten, suchen sie häufig einen Rechtsbeistand, der ihnen hilft, die eigene Position zu stärken. Im politischen Kontext beobachten wir nicht selten, dass Fairplay und die Wahrheit auf der Strecke bleiben. In Schmutzkampagnen entfernt man sich weit von der Sache, um die es eigentlich gehen sollte.

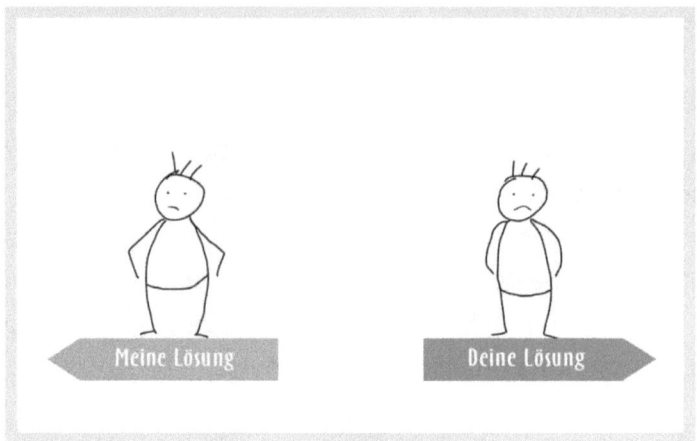

Abbildung: 2-Alternativen-Denken spaltet

Im günstigen Fall kommen die Kontrahenten oder Lager früher oder später zur Vernunft und man findet einen Kompromiss – also einen Mittelweg, bei dem beide Seiten etwa gleich viele Abstriche machen. Ein Kompromiss ist aus meiner Sicht immer nur ein Notbehelf, wenn man nichts Schlaueres findet. Denn im Grunde ist ein Kompromiss eine Lose-lose-Lösung (Verlust-Verlust-Lösung).

Befriedigender sind Synergielösungen, die ein Win-Win generieren. Das häufig zitierte Lehrbuchbeispiel erzählt von zwei Schwestern, die sich um eine Orange streiten. Im Streit ist die Perspektive des 2-Alternativen-Denkens dominant: „bekomme ich die Orange oder Du?". Der Kompromiss wäre die Lösung, dass man geschwisterlich teilt, dass also jede Schwester auf eine Hälfte verzichtet (lose-lose). Eine 3. Alternative, also eine kreative Synergielösung lässt sich nur finden, wenn die Schwestern nicht nur ihre Position „Ich möchte die Orange" erklären, sondern wenn sie sich gegenseitig ihr Anliegen verständlich machen. Hierzu ist empathisches, achtsames Zuhören erforderlich. Im Lehrbuch sind die Schwestern dazu natürlich in der Lage. Sie erfahren daher, dass eine die Orangenschale als Gewürz für einen Kuchen benötigt und die andere Fruchtfleisch und Saft für einen leckeren Drink. Die elegante Synergielösung kann folglich so aussehen, dass zuerst die eine Schwester so viel Schale in ihren Teig reiben darf wie sie will und dass sie anschließend die komplette Orange der Schwester übergibt, die sie für ihre Zwecke nutzen kann.

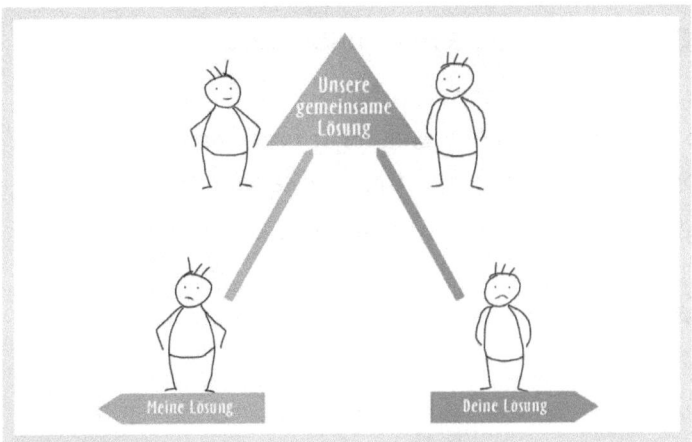

Abbildung: Kreative Synergielösung und Win-Win

Soweit das Lehrbeispiel. Haben Sie schon einmal in der gemeinsamen Lösungsfindung erlebt, dass Sie mit bestimmten Vorstellungen in ein Gespräch gegangen sind, dass sich durch die Gesprächspartner neue Gesichtspunkte ergaben und dass durch das gemeinsame Brainstorming und Arbeiten an Lösungsansätzen schließlich eine Lösung fand, die das Prädikat „smarte Synergielösung" verdient? Wenn ja, dann heißt dies, Sie haben ein echtes Win-Win generiert und die Beteiligten konnten sagen: „Die nun gefundene Lösung gefällt mir viel besser als das, was ich ursprünglich im Sinn hatte.".

Solche Win-Win-Lösungen haben erhebliche Vorteile: Die Gruppe wird nicht gespalten in Gewinner und Verlierer. Alle Beteiligten sind zufriedene Gewinner. Das gemeinsame Erfolgserlebnis motiviert zur weiteren konstruktiven Zusammenarbeit. Vielleicht stimmen Sie mir zu, dass es im Vergleich zu einem Erfolg für sich selbst viel erfüllender ist, wenn man ein Ergebnis erreicht, das einen selbst und auch die Gesprächspartner zufrieden stimmt. Im Übrigen sind solche Lösungen, die nur Gewinner kennen, nicht nur

für den Moment gut, sie sind auch nachhaltiger. Bei einer Synergielösung gibt es keinen Grund, das Ergebnis nachträglich anzweifeln,
nachzukarten oder die vereinbarten Maßnahmen zu boykottieren.

Tipps zum Entwickeln von Synergielösungen

* Legen Sie sich nicht vorschnell auf eine Position fest, die Sie
  „durchboxen" wollen – schon gleich gar nicht, bevor Sie die
  Vorstellungen der Gesprächspartner verstanden haben.
* Positionen der Gesprächspartner hinterfragen: Was sind die
  Anliegen, die zu einer bestimmten Position geführt haben? Gibt
  es alternative Lösungen, die diese Anliegen auch oder vielleicht
  sogar besser erfüllen?
* Nehmen Sie Anliegen und Bedürfnisse der Gesprächspartner
  ernst.
* Echtes Interesse am Gesprächspartner: Covey schlägt vor: erst
  verstehen und dann verstanden werden. Im Alltag sind viele
  Menschen leider nur darauf bedacht, ihre Sichtweise
  darzustellen. Empathisches Zuhören ist wichtig, um nach-
  vollziehen zu können, worum es den Gesprächspartnern geht.
* Verlassen Sie sich nicht nur auf Empathie und Gesprächstechnik. Lernen Sie auch Methoden, die helfen in einem
  kreativen Prozess Synergielösungen systematisch zu
  generieren. Eine besonders mächtige Methode, das
  Systemische Konsensieren, stelle ich Ihnen im nächsten Kapitel
  vor.

Essenz:

2-Alternativen-Denken wird der Komplexität des Alltags nur
selten gerecht. Echtes Interesse an Gesprächspartnern und
Mitmenschen ermöglicht es, gemeinsam kreative Lösungen zu
entwickeln, die eine Synergie (win-win) ermöglichen.

Systemisches Konsensieren (SK)

Das Systemische Konsensieren ist eine Entscheidungsmethode, die noch relativ unbekannt ist, die sich dennoch seit Jahren in vielfältigen Situationen bewährt hat. Systemisches Konsensieren, bzw. kurz „Konsensieren" oder „SK", führt systembedingt zum Konsens. SK ist gut kompatibel mit vielen anderen Ansätzen wie beispielsweise Intuition, Suche nach smarten Synergielösungen, Brainstorming, Moderation, Gewaltfreie Kommunikation, Inneres Team und vieles mehr.

Nach einer kurzen und kompakten Erklärung der wesentlichen Elemente möchte ich Ihnen im Laufe dieses Kapitels anhand von praktischen Beispielen einen Eindruck vermitteln, wie Sie SK anwenden und variieren können und welchen Nutzen Sie jeweils davon haben.

Wesentliche Elemente des SK

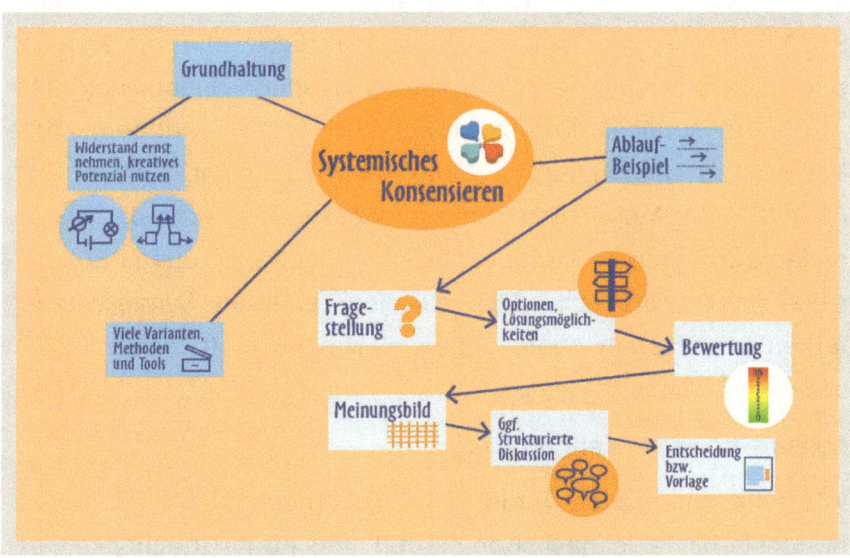

Abbildung: Wesentliche Elemente für tragfähige Entscheidungen

Die Grafik zeigt einen Überblick über die Kernelemente von SK. Vor allem aber soll sie Ihnen als Merkkarte und kompakte Zusammenfassung für dieses Kapitel dienen.

Grundhaltung: Allen Methoden und Werkzeugen liegt die Grundhaltung zugrunde, Widerstand ernst zu nehmen und als kreatives Potenzial zu nutzen. Diese Grundhaltung entspricht dem Gebot der Rücksichtnahme, dem Gebot der christlichen Nächstenliebe, der Achtsamkeit und des Perspektiven-Wechsels in vielen Kommunikationsschulen.

Die Grafik zeigt auch noch einen Stromkreis mit einem Widerstandsregler, wie Sie ihn vielleicht noch aus dem Physikunterricht kennen. Damals haben wir gelernt – und Sie kennen es, wenn Sie einen Dimmer betätigen – dass der Strom dann stärker fließt, wenn Sie den Widerstand herunterregeln. Gleiches gilt in sozialen Gruppen, zum Beispiel bei Mitarbeitern. Die Arbeit geht auch da flotter von der Hand, wenn Sie Bedenken, Hemmnisse, Schwierigkeiten aus den Weg räumen (siehe auch unter „URI-Formel", S. 104). Im Alltag kennen wir „Bedenkenträger" eher als Schimpfwort. Versuchen Sie es einmal anders zu sehen. Jeder Mitarbeiter – auch der zunächst skeptische Bedenkenträger – hat berechtigte Bedürfnisse und Anliegen. Wenn wir diese nicht einfach kraft Autorität oder Mehrheitsbeschluss niederbügeln, kann die Auseinandersetzung mit den Argumenten und Sichtweisen neue Erkenntnisse liefern, die schließlich zu einer smarten Synergielösung führen (siehe auch oben „Synergielösungen statt 2-Alternativendenken").

Ablauf – so wie er sehr oft passt

Wie ich noch erklären werde, ist die Anwendung des SK sehr flexibel dosierbar – je nach Komplexität und Konfliktträchtigkeit der Situation. Als Grundschema, das Sie je nach Erfordernis abkürzen oder erweitern können, sollten Sie sich die folgenden Schritte einprägen:

Schritt 1: Klärung und Präzisierung der Fragestellung

Wie bereits auf Seite 16 ausgeführt, lohnt es sich häufig, die zunächst im Raum stehende Fragestellung zu hinterfragen. Wenn Sie beispielsweise überlegen, in welches Lokal Sie zur diesjährigen Weihnachtsfeier gehen sollen, bestimmen Sie durch die Frage ja schon den Fokus für die Lösungssuche. Die weiter gefasste Frage könnte lauten: „Durch welchen Teamevent stärken wir den Zusammenhalt in der Belegschaft?". Es kann sein, dass Sie wie üblich ein gemütliches Essen wählen; oder aber eine außergewöhnliche Idee wie etwa das Engagement eines Businesstheaters stellt sich als Favorit heraus.

Wichtige Hinweise, dass es lohnen könnte, die Fragestellung zu überdenken sind:

* Sie haben eine geschlossene Frage gestellt, die im Grunde nur zwei alternative Lösungen zulässt. Formulieren Sie lieber eine offene Frage, die mehr und damit auch kreativere und bessere Lösungen ermöglicht.
* Es beschleicht Sie ein ungutes Bauchgefühl, dass die Frage irgendwie nicht ganz passt oder den Kern nicht trifft.
* Sie haben Schwierigkeiten bei den folgenden Schritten. Die Beteiligten tun sich schwer, gute Lösungsideen zu generieren oder die gefundenen Ideen schneiden bei der Bewertung nicht gut ab.

Schritt 2: Auflistung der Optionen für eine Problemlösung bzw. ein Vorhaben

Erläutern Sie den Beteiligten, dass im nächsten Schritt **alle Vorschläge von allen Beteiligten** folgendermaßen bewertet werden: Auf einer Skala von 0 bis 10 wird festgehalten, wie hoch die Bedenken gegen den jeweiligen Vorschlag sind:

0 bedeutet: Gegen diesen Vorschlag habe ich keine Bedenken.

10 bedeutet: Diesen Vorschlag lehne ich total ab.

Zwischenwerte können nach Gefühl vergeben werden.

Listen Sie die Vorschläge jeweils mit einer Kennung auf.

```
Fragestellung XY
- mögliche Lösungen
─────────────────

A Vorschlag 1

B Vorschlag 2

C Vorschlag 3

usw.
```

Schritt 3: Bewerten der Vorschläge

Anschließend nennt jeder der Beteiligten seine Bewertung zu den Vorschlägen. Weisen Sie darauf hin, dass es günstig ist, die Skala nach dem eigenen Empfinden möglichst differenziert zu nutzen und nicht einfach nur 0 für den eigenen Favoriten und 10 für alle anderen zu vergeben. Die genannten Bewertungen werden für jeden Vorschlag aufaddiert. Anhand der Summen bzw. Mittelwerte wird sich zeigen, ob es eine gut annehmbare und eindeutige Lösung gibt oder ob weiterer Diskussionsbedarf besteht.

Schritt 4: Erstellen des Meinungsbildes

Durch die Erfassung der Einzelwerte und das Eintragen in eine Tabelle (siehe auch Hilfsmittel) ergibt sich eine differenzierte Abbildung der Einzelmeinungen und es lassen sich Konfliktpotenzial bzw. Akzeptanz zu jedem Vorschlag ermitteln.

Schritt 5: Strukturierte Diskussion

Sehr häufig ergibt sich ein klares, eindeutiges Ergebnis. Sollte dies nicht der Fall sein, können Sie das Meinungsbild als Basis einer strukturierten Diskussion nutzen. Hinterfragen Sie z.B. die Gründe für hohe Ablehnungswerte. Klären Sie, ob der Vorschlag von allen wirklich in gleicher Weise verstanden wurde usw. Im Rahmen der Diskussion ergeben sich Anpassungen oder ganz neue Vorschläge.

Schritt 6: Abschließende Entscheidung bzw. Vorlage

Sobald Sie eine gute, gemeinsame Lösung gefunden haben, können Sie die Diskussion abschließen. Für den weiteren Fortgang gibt es – je nach Entscheidungskompetenz der Gruppe bzw. je nach formalen Vorschriften – drei Möglichkeiten.

- Die Gruppe beschließt die Umsetzung.
- Sieht ein Gesetz oder eine Satzung einen Mehrheitsbeschluss vor, kann die bestgereihte Lösung als Antrag eingebracht und formal beschlossen werden. In aller Regel werden diese Anträge einstimmig oder zumindest mit großer Mehrheit angenommen.
- Das Ergebnis der Gruppe wird als Vorlage an die Entscheider weitergegeben. Diese haben dann den Vorteil, dass sie wissen, wie die Gruppe über die einzelnen Alternativen denkt – welche Optionen eine hohe Akzeptanz genießen und welche hohes Konfliktpotenzial in sich bergen.

Fertig! In vielen Fällen wird Ihnen genau dieses Schema vollkommen ausreichen, um mit einigermaßen konstruktiven Menschen gute Lösungen zu erarbeiten. Wie unsere Ausbildungsseminare immer wieder zeigen, erfordert es allerdings Übung und Erfahrung, um den Prozess elegant und ohne unnötige Längen bzw. Umwege zu moderieren. Mit der Zeit werden Sie lernen, richtig einzuschätzen, an welchen Stellen besondere Sorgfalt nötig ist und wo Sie auch mal eine Abkürzung gehen können.

Viele Varianten, Methoden und Tools

Eine Zusammenfassung der Varianten finden Sie ab S. 79, Hilfsmittel und Tools sind ab S. 90 beschrieben. Davor möchte ich anhand von Anwendungsbeispielen konkrete Einsatzmöglichkeiten darstellen.

Beispiele für die Anwendung von SK

Alltagskommunikation

Es ist mir wichtig, darauf hinzuweisen, dass Sie auch dann Konsensieren, wenn Sie nicht alle der oben dargestellten Schritte explizit durchführen. Auch ist es nicht immer erforderlich, Zahlen in eine Matrix zu schreiben. Sie können die SK-Grundhaltung in ganz vielen Alltagssituationen praktizieren.

Beachten Sie zum Beispiel **non-verbale Einwände:** Wenn Ihr Gegenüber die Stirn runzelt, die Augenbrauen hochzieht oder unruhig auf dem Stuhl hin- und herrutscht, können Sie davon ausgehen, dass etwas nicht passt. Er hat etwas nicht verstanden, findet die Argumentation nicht überzeugend oder wird schlicht ungeduldig. Diese Achtsamkeit ist in fast allen Gesprächen hilfreich: in Verhandlungen, in Präsentationen, in Gesprächen mit Familienmitgliedern, Kunden, Mitarbeitern usw. In der TZI (Themenzentrierten Interaktion) besteht die Regel: „Störungen haben Vorrang". Es ist meistens sinnvoller, auf die beobachteten, non-verbalen Einwände einzugehen, als einfach sein Programm abzuspulen.

Wenn vereinbarte Maßnahmen nicht so umgesetzt werden wie besprochen, tendieren viele dazu, an das Pflichtbewusstsein zu appellieren oder gar mit Sanktionen zu drohen. Häufig sinnvoller ist es, nach möglichen Hemmnissen und Widerständen zu fragen. Oft stellt sich heraus, dass doch noch etwas nicht klar war oder ein Mitarbeiter schlicht nicht gewusst hat, wo er anfangen soll.

Sie können auch in Gesprächen **zu spontanem Einwand einladen.** Sie signalisieren damit den Gesprächspartnern, dass Sie ihre Meinung schätzen und bereit sind, sich mit Einwänden konstruktiv auseinanderzusetzen. Sie regen Ihre Gesprächspartner damit an, mitzudenken und schaffen ein offenes Gesprächsklima.

Einwandfrage und **Prozessvorschlag**: Als Gesprächstechnik machen Sie einen Vorschlag auf Inhalts- bzw. Prozessebene und sichern ab: „Haben Sie gegen diesen Vorschlag Einwände". Wird kein Einwand eingebracht – obwohl das Gesprächsklima so ist, dass dies ohne größere Risiken möglich ist – können Sie davon ausgehen, dass Ihr Vorschlag akzeptiert ist. Anderenfalls müssen Sie natürlich sinnvoll mit dem Einwand umgehen. Dies kann z.B. sein:

- Ist der Einwand mit einem Gegenvorschlag verbunden, den Sie hilfreicher finden als Ihren, können Sie Ihren Vorschlag zurückziehen und für den neuen Vorschlag die Einwandfrage stellen.
- Stehen mehrere Vorschläge im Raum, können Sie sich per Auswahlkonsensieren auf einen einigen.

Auf die Einwandfrage und den Prozessvorschlag werde ich weiter unten noch näher eingehen. Wichtig an der Stelle ist mir, dass Ihnen klar ist: Im Alltag gibt es unzählige Möglichkeiten, mit der SK-Grundhaltung zu agieren, also zu konsensieren. Ähnlich, wie Sie nicht in jeder Besprechung mit aufwändigen Visualisierungen am Flipchart arbeiten, werden Sie relativ oft gar keine weiteren Werkzeuge des SK einsetzen. Gerade Gruppen, die die Grundhaltung verinnerlicht haben, finden relativ schnell durch „normale" Kommunikation eine Lösung. Immer dann, wenn eine Situation komplexer oder konfliktträchtig wird, ist es aber sehr hilfreich, wenn Sie auch noch andere Werkzeuge beherrschen.

Essenz:

Im Alltag gibt es viele Möglichkeiten, die SK-Grundhaltung zu praktizieren. In kleineren und konstruktiven Gruppen reicht dies oft völlig aus. Immer wieder treten jedoch Situationen auf, in denen das weitere Instrumentarium erforderlich ist.

Investitionsentscheidung

In einem Handwerkerbetrieb mit etwa 20 Mitarbeitern wurden im Rahmen eines Projektes die Arbeitsprozesse optimiert. In diesem Zusammenhang wurde auch überlegt, ob in ein besseres EDV-System investiert werden soll. Verschiedene Anbieter wurden zu einer Produktpräsentation eingeladen. Schließlich stand die Entscheidung an, für welche Lösung man sich entscheiden sollte.

Zur Auswahl standen folgende Alternativen:

- **Alles aus einer Hand von Anbieter A:** Die komplette Lösung mit Hard- und Software von einem Anbieter hat den Vorteil, dass es künftig nur einen externen Ansprechpartner für alle EDV-Fragen gibt. Bei etwaigen Problemen kann die Verantwortung nicht von einem Anbieter auf den anderen geschoben werden. Die Investitionshöhe beträgt etwa 50.000 EUR.

- **Software von Anbieter A, Hardware von Anbieter B:** Der Hauptunterschied bei dieser Variante liegt darin, dass neu erforderliche Hardwarekomponenten vom bisherigen, bewährten Anbieter geliefert werden sollen. Die Investitionshöhe liegt ebenso bei etwa 50.000 EUR.

- **Derzeitige Lösung + Update + Windows:** Bei dieser Lösung wird zunächst nur in Hardware, Software-Updates und eine neuere Windowsversion investiert. Man arbeitet mit der bisherigen Software weiter. Die Investitionshöhe liegt bei etwa 15.000 EUR.

- **Cloudlösung der Firma C:** Das Angebot, die Software nur zu leasen und über Internet auf die Anwendung und die Daten zuzugreifen, ist die kostengünstigste Lösung. Die monatliche Leasinggebühr wird mit ca. 500 EUR veranschlagt. Hinzu kommen noch ca. 3.000 EUR für neuere und schnellere Computer.

- **Derzeitige EDV-Lösung, Optimierung der Abläufe ausschließlich mit Checklisten:** Anstatt neue Technik einzuführen, gibt es grundsätzlich auch die Möglichkeit, mit der bisherigen Lösung weiterzuarbeiten und ausschließlich auf Mitarbeiterschulungen und eine Optimierung der Arbeitsabläufe zu setzen.

Die Entscheidung sollten die drei Geschäftsführer und eine langjährige Mitarbeiterin aus der Verwaltung treffen. Die Sitzung wurde durch mich, also einen externen SK-Experten, moderiert. Da alle vier Personen eng in das Projekt eingebunden waren, reichte es, die fünf Optionen in eine Tabelle – in diesem Fall in eine Excel-Tabelle – zu schreiben und noch kurz die wesentlichen Aspekte zu nennen. Die Excel-Tabelle wurde über einen Beamer für alle sichtbar an die Wand projiziert.

	Mögliche Lösungen
A	Alles aus einer Hand von Anbieter A
B	Software von Anbieter A, Hardware von Anbieter B
C	Derzeitige Lösung + Update + Windows
D	Cloudlösung der Firma C
E	Derzeitige EDV-Lösung + Optimierung der Abläufe ausschließlich mit Checklisten

Abbildung: Lösungsvorschläge – hier mit Excel als Hilfsmittel erfasst

Im nächsten Schritt bekamen die Geschäftsführer und die Verwaltungskraft je einen Notizzettel (siehe Hilfsmittel und Tools, S. 90), um ihre Wertungen zu den möglichen Lösungen zu notieren. Für alle vier Entscheider war die Methode neu. Daher habe ich die wesentlichen Punkte kurz erläutert:

- Bitte schreiben Sie auf den Zettel Ihren Namen und untereinander die Buchstaben A bis E für die möglichen Lösungen.

- Bewerten Sie jede Lösung unabhängig voneinander, je nach der Höhe Ihrer Bedenken gegen diese Lösung: 0 bedeutet „keine Bedenken, hier habe ich ein uneingeschränkt gutes Gefühl", 10 ist das andere Extrem und bedeutet „kommt für mich überhaupt nicht in Frage". Zwischenwerte vergeben Sie nach Gefühl. Verwenden Sie bitte nicht nur 0 für Ihre favorisierte Lösung und 10 für alle anderen. Vergegenwärtigen Sie sich die Gesamtbreite der Skala und nutzen Sie sie bei der Bewertung der einzelnen Alternativen. Geben Sie nicht nur Ihrer Lieblingslösung, sondern auch noch weiteren guten Lösungen eine angemessene Erfolgschance.

- Ihre Werte trage ich anschließend in die Excel-Tabelle ein. Wir erhalten damit ein Meinungsbild.

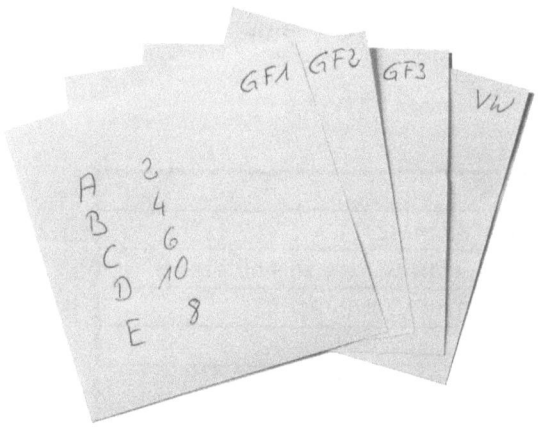

Abbildung: Notizzettel mit den Bewertungen

Nach dem Übertragen der Werte ergab sich folgendes Meinungsbild:

	Mögliche Lösungen	GF 1	GF 2	GF 3	VW	Summe	Mittel
A	Alles aus einer Hand von Anbieter A	2	1	2	5	10	2,50
B	Software von Anbieter A, Hardware von Anbieter B	4	5	4	5	18	4,50
C	Derzeitige Lösung + Update + Windows	6	10	5	6	27	6,75
D	Cloudlösung der Firma C	10	8	10	7	35	8,75
E	Derzeitige EDV-Lösung + Optimierung der Abläufe ausschließlich mit Checklisten	8	10	10	10	38	9,50

Abbildung: Meinungsbild nach Eintragung in die Exceltabelle

Die Tabelle zeigt sowohl die Einzelwiderstände als auch in der Summe den Gruppenwiderstand. Die Lösung mit dem geringsten Gruppenwiderstand nennen wir die erstgereihte. Um die Höhe der

Bedenken abschätzen zu können, empfiehlt es sich außerdem, den normierten Widerstand zu errechnen (Mittelwert).

Es war für die Gruppe keine große Überraschung, dass die Bedenken bei Lösung A „Alles aus einer Hand von Anbieter A" am geringsten, also die Akzeptanz für diese Lösung am größten war. Auch ohne Konsensieren hätte man sich vermutlich schnell auf diese Lösung geeinigt. Überraschend hingegen war, wie deutlich sie gegenüber den anderen bevorzugt wurde. Im Mittel lag der Widerstand gegen diese Lösung bei 2,5. Die nachgereihte Lösung immerhin bei 4,5. Die beiden Alternativen Cloudlösung und Weiterarbeiten mit der bisherigen EDV-Lösung kamen nicht in Frage. Diese großen Unterschiede waren in der verbalen Diskussion überhaupt nicht deutlich geworden. Insofern zeichnete die Konsensierungs-Matrix ein so klares Meinungsbild, dass nicht nur die fällige Entscheidung eindeutig war. Sie erzeugte als zusätzlichen Nutzen einen Motivationsschub, das Projekt nun mit vollem Elan anzugehen. Die Unzufriedenheit mit der bisherigen Lösung war kaum zu übertreffen. Selbst eine Optimierung mit Checklisten konnte da kaum etwas retten. Die finanziell reizvolle Cloudlösung kam ebenso nicht in Frage. Und die beste Lösung wurde deutlich besser bewertet als die beiden nächstgereihten.

Als methodische Besonderheit fällt auf, dass die Verwaltungskraft mit ihren Wertungen überwiegend im Mittelfeld lag. Ohne diese deutliche Tendenz zur Mitte wäre das Ergebnis noch klarer ausgefallen. In vorliegenden Fall war es nicht entscheidungsrelevant und wurde daher nicht näher hinterfragt. Es ist möglich, dass hier das hierarchische Gefälle in der Gruppe zum Tragen kam. Diesem Effekt kann man methodisch durch eine anonymisierte Bewertung begegnen. Es könnte aber auch sein, dass es diese Person nicht gewohnt ist, sich klar zu positionieren und dass sich der Effekt mit zunehmender Konsensierungs-Erfahrung und mehr Entscheidungsverantwortung von alleine gibt.

Insgesamt hat die Konsensierung mit Erläuterung der Methode nicht länger als **fünf Minuten** gedauert. Mit großer Wahrscheinlichkeit wurde die Diskussion und Entscheidungsfindung durch das Konsensieren deutlich abgekürzt, da das Meinungsbild, welches die Konsensierungs-Matrix zeigt, im allgemeinen wesentlich prägnanter und umfassender ist als eine verbale Diskussion und hier in diesem Fall besonders eindeutig war. Die fällige Entscheidung konnte daher sehr schnell getroffen werden. Mit der Konsensierungs-Matrix ist die Entscheidung auch kurz und präzise dokumentiert. Sollte die Entscheidung später einmal aus irgendeinem Grund hinterfragt werden, kann man immer wieder auf die Bewertungen in der Konsensierungs-Matrix zurückgreifen.

Zusammenfassung „Investitionsentscheidung"

Fall: echter Praxisfall, anonymisiert

SK-Moderator: Josef Maiwald

Zeitbedarf für die Entscheidung: wenige Minuten

Hilfsmittel: Notebook mit Excel, Beamer, Notizzettel

Besonderer Vorteil: Sind die wesentlichen Informationen und Entscheidungskriterien bekannt, ist es möglich, anhand einer Konsensierung sehr schnell ein klares Meinungsbild zu zeichnen, um damit ggf. tiefer in die Diskussion einzusteigen. Abschließend trifft die Gruppe nicht nur eine Entscheidung. Jedem Mitglied in der Gruppe ist auch klar, wie hoch das Konfliktpotenzial bzw. die Akzeptanz der Entscheidung ist. Ist sie so klar wie im vorliegenden Fall, ergibt sich ein zusätzlicher Motivationsschub für das Projekt.

Ähnliche Fälle: private und geschäftliche Anschaffungen, Personalentscheidungen

Gemeinsames Essen

Das nächste Beispiel stammt aus dem privaten, genauer gesagt aus dem familiären Kontext. Ich stelle es in enger Anlehnung an einen Fall von Erich Visotschnig und Siegfried Schrotta vor (Visotschnig & Schrotta, 2005). Die Situation ist relativ alltäglich und es ist auch nicht so viel Geld im Spiel wie eben. Dafür schlagen die emotionalen Wellen höher, wodurch die Situation schnell anspruchsvoll werden kann.

Eine vierköpfige Familie mit Mutter, Vater, der 12-jährigen Tochter Lena und dem 9-jährigen Sohn Daniel sind im Urlaub und diskutieren, was es zum Mittagessen geben soll. Die Vorgabe der Eltern lautet: sie möchten nicht schon wieder ins Restaurant gehen, sondern selber kochen. Folgende Vorschläge stehen im Raum:

Die Mutter möchte Gemüse-Bratlinge, der Vater Linsen mit Speck, Lena möchte auf ihre Linie achten und wünscht sich daher einen Fitness-Teller und Daniel will unbedingt Spaghetti. Schnell entfacht sich eine rege Diskussion. Alle Familienmitglieder halten ihren eigenen Vorschlag für den besten. Wie soll die Familie nun zu einer tragfähigen Entscheidung kommen?

Eine Mehrheitsabstimmung führt erwartungsgemäß zu keinem Ergebnis. Schließlich hat jeder seinen Favoriten als Lösungsvorschlag eingebracht. Der kompromissbereite Vater räumt ein, dass ihm die Gemüse-Bratlinge genauso recht sind. Dies führt aber auch zu keinem Ergebnis. Die Kinder beschweren sich: „Ihr seid gemein. Immer die Großen gegen die Kleinen." Damit erübrigt sich der Kompromissvorschlag der Mutter, die sich auch den Fitness-Teller gut vorstellen kann. Da würde Daniel protestieren: „Immer hilfst Du Lena!".

In so einer fast schon verfahrenen Situation hilft Konsensieren gut weiter. Also schreiben alle die vier Mahlzeiten auf je einen Zettel und bewerten „0 = ich habe nichts dagegen" bis „10 = das lehne ich total ab" und Zwischenwerte nach Gefühl.

Im ersten Anlauf ergibt sich folgendes Bild:

	Mittagessen	Mutter	Vater	Lena	Daniel	Summe
A	Gemüse-Bratlinge	0	0	10	10	20
B	Linsen mit Speck	6	0	10	10	26
C	Fitness-Teller	4	8	0	10	22
D	Spaghetti	7	5	10	0	22

Abbildung: Konsensierung – 1. Durchlauf

Anhand der Werte sieht man sehr schnell, dass den Kindern ein typischer Anfängerfehler unterlaufen ist, der aus unserer gewohnten, rivalisierenden Entscheidungspraxis herrührt. Sie haben ihrem eigenen Vorschlag den Wert 0 gegeben und allen anderen Vorschlägen den Wert 10. Eigentlich eine schlaue Strategie, oder? Schließlich will man ja die Chancen für den eigenen Vorschlag maximieren, indem man die anderen Vorschläge herabsetzt bzw. mit möglichst hohen Widerstandswerten belegt.

Im Sonderfall kann ein derartiges Vorgehen auch beim Konsensieren gelingen. Je größer die Gruppe ist, desto weniger ist das aber zu erwarten. In unserem Beispiel ist es schiefgegangen. Die Gemüse-Bratlinge haben den geringsten aufsummierten Gruppenwiderstand. Formal haben wir also ein klares Ergebnis. Beide Kinder haben eine Alles-oder-Nichts-Strategie verfolgt, haben sich damit nicht durchgesetzt und letztlich ihre Möglichkeit, auf das Ergebnis Einfluss zu nehmen, verwirkt. Das gleiche Ergebnis wäre zustandegekommen, wenn nur die beiden Erwachsenen konsensiert hätten.

In so einem Fall erklärt man den Kindern, dass ihre Strategie nicht zum gewünschten Ergebnis führt, und dass es sinnvoller ist, nicht taktisch, sondern differenzierter und den eigenen Wünschen entsprechend zu bewerten.

Im zweiten Anlauf bzw. mit den korrigierten Werten der Kinder ergibt sich daher ein ganz anderes Bild:

	Mittagessen	Mutter	Vater	Lena	Daniel	Summe
A	Gemüse-Bratlinge	0	0	7	10	17
B	Linsen mit Speck	6	0	8	5	19
C	Fitness-Teller	4	8	0	2	14
D	Spaghetti	7	5	4	0	16

Abbildung: Konsensierung – 2. Durchlauf

Nach Aufsummieren der Widerstandswerte zeigt sich ein neuer Favorit, mit dem immerhin drei der vier Familienmitglieder sehr zufrieden sind. Allerdings kann man dem Vater kaum zumuten, den Fitness-Teller mit einem Widerstand von 8 – also 80% des maximalen Widerstandes – hinunterzuwürgen.

Hier entwickeln wir das Beispiel aus heutiger Erfahrung noch etwas weiter. Es hat sich bewährt, die Konsensierungs-Matrix als „Meinungsbild" zu verstehen. Ist eine direkte Aussprache möglich, werden Widerstände ab dem Wert 8 hinterfragt und nach Möglichkeit ausgeräumt. In diesem Fall erklärt sich der Widerstand dadurch, dass der Vater Bedenken hat, von Salat und Gemüse nicht satt zu werden. Das Problem kann leicht gelöst werden, indem man ihm eine extra Portion Putenfleisch zugesteht. Wenn er nach diesem Entgegenkommen seinen Wert von 8 auf beispielsweise 4 ändert, haben wir bereits ein klares Ergebnis, mit dem alle zufrieden sind.

Als weitere, kreative Lösung wäre denkbar, dass es anstatt Fitness-Teller mit Putenstreifen ein Putenschnitzel mit einer großen Portion Salat geben könnte. Wenn die Gruppenmitglieder mit dieser Variation des Vorschlags ebenso einverstanden sind oder ihn sogar noch besser finden, hätte man über das Konsensieren und den Widerstand des Vaters zu einer besseren Lösung gefunden als die ursprünglich genannten Alternativen.

Zusammenfassung „Gemeinsames Mittagessen"

Fall: echter Fall, nachskizziert (Visotschnig & Schrotta, 2005)

Zeitbedarf für die Entscheidung: wenige Minuten

Hilfsmittel: Notizzettel

Besondere Vorteile: Durch das Konsensieren wird die Dynamik, die aus dem Willen sich durchzusetzen resultiert, umgekehrt (siehe „Verhaltensumkehr"). Machtorientiertes Verhalten zu Lasten der Gruppe wird durch das Konsensieren nicht belohnt – eher bestraft, denn man verwirkt die Möglichkeit, seiner zweit- und drittliebsten Lösung gute Erfolgschancen einzuräumen. Über die Vergabe der Zahlen wird die Diskussion deutlich beschleunigt. Es ist oft gar nicht nötig zu erläutern, welche Überlegungen und Empfindungen zu einer bestimmten Bewertung geführt haben. Hohe Widerstände werden dagegen gezielt hinterfragt. Oft lassen sie sich relativ leicht ausräumen oder sind Ursprung von neuen und kreativen Lösungsansätzen.

Ähnliche Fälle: private und geschäftliche Essen, gemeinsame Unternehmungen, Urlaubsziele, Betriebsausflüge und Vereinsfeiern

Logo-Entwicklung und Pattsituation

Konsensieren ist auch interessant für Entscheidungen rund um Gestaltungsfragen. Nach einigen Jahren Verwendung kam Kritik an unserem SmarterLife-Logo auf. Unsere Designerin meinte, das bisherige Logo sei zu weich und nicht mehr zeitgemäß. Sie lieferte auch gleich drei mögliche Vorschläge, wie das Logo weiterentwickelt werden kann.

Abbildung: 1 = altes Logo; 2, 3, 4 = drei neue Entwürfe

Die Entwürfe wurden von Mitgliedern des Kernteams wie üblich auf der 10-er-Skala bewertet. Zwei der neuen Entwürfe schnitten deutlich besser ab, als das bisherige Logo und erhielten den gleichen Gruppenwiderstand. Damit ergab sich der äußerst seltene Fall einer Pattsituation.

	Logo-Entwürfe	UL	AS	JM	Summe
A	Logo 1 (bisheriges Logo)	4	6	2	12
B	Logo 2	2	0	3	5
C	Logo 3	3	2	0	5
D	Logo 4	8	8	5	21

Abbildung: Bewertung der Logo-Entwürfe

Wie Sie mit solchen Pattsituationen formal korrekt umgehen können, habe ich im Abschnitt „SK von A bis Z" ausführlich beschrieben. In unserem Fall wurde mir von der Gruppe zugestanden, das Zünglein an der Waage zu spielen. Daher fiel die Wahl auf das Logo 3.

Zusammenfassung „Logoentwicklung"

Fall: echter Praxisfall

Zeitbedarf für die Entscheidung: wenige Minuten

Hilfsmittel: Notizzettel

Besondere Vorteile: Wem welches Logo wie sehr zusagt, lässt sich nur schwer begründen. Durch die Abbildung des eigenen Empfindens auf der Widerstandsskala, werden die unterschiedlichen Sichtweisen ohne lange Diskussionen handhabbar.

Ähnliche Fälle: Gestaltung von Logos, Prospekten, Internetseiten usw., Namensgebung für Kinder, Firmenbezeichnungen, Buchtitel und vieles mehr

Klassensprecher-Wahl

Üblicherweise läuft die Klassensprecherwahl wie folgt ab:

• Die Schüler/innen nominieren mögliche Klassensprecher/innen.

• Im eigentlichen Wahlgang schreibt jeder einen Mädchen- und einen Jungennamen auf einen Stimmzettel.

• Das Mädchen mit den meisten Stimmen wird Klassensprecherin, der Junge mit den meisten Stimmen wird Klassensprecher.

Der Nachteil dieses Vorgehens ist, dass je nach Anzahl der nominierten Kandidaten schon eine sehr geringe Anzahl an Fürsprechern dafür sorgen kann, eine relative Mehrheit zu erringen. Bei 32 Schüler/innen und 4 Kandidaten sind bereits 9 Stimmen (32 : 4 + 1) ausreichend. Im Extremfall kann es vorkommen, dass eine sehr polarisierende Person zum Klassensprecher gewählt wird, die nicht nur 9 Fans, sondern auch 23 erbitterte Gegner hat. Durch das Wahlverfahren wird nicht deutlich, wie sehr sich die einzelnen Schüler/innen für oder gegen die Kandidaten/innen aussprechen würden, wenn das Wahlverfahren dies zuließe.

Bei einer Klassensprecherwahl per Konsensieren würde man wie folgt vorgehen:

- Präzisierung der Fragestellung: z.B. Wer soll als Klassensprecher/in die Interessen der Klasse vertreten?

- Die Schüler/innen nominieren mögliche Klassensprecher/innen.

- Im eigentlichen Wahlgang schreibt jeder seine Ablehnung (0 bis 10) hinter den Namen des Kandidaten, der Kandidatin.

- Zur Auswertung werden die Werte in eine Tabelle übertragen.

Die folgende Tabelle zeigt ein fingiertes Beispiel:

	Kandidatenliste	Schüler 1 bis 32								Summe	Mittel	Akzeptanz
		1	2	3	4	...	30	31	32			
A	Hans	0	0	0	0		10	9	10	221	6,91	30,94
B	Lisa	1	2	2	1		2	2	2	55	1,72	82,81
C	Klaus	1	3	4	3		3	4	2	86	2,69	73,13
D	Sabine	4	8	10	3		5	6	4	182	5,69	43,13
E	Max	4	6	4	6		2	3	0	118	3,69	63,13

Abbildung: Klassensprecherwahl (Schüler 5 bis 29 sind ausgeblendet)

Anhand der Summen sehen Sie: Lisa hat den geringsten Gruppenwiderstand, Klaus den zweitniedrigsten. Diese beiden sind also mit klarem Abstand zum/r Klassensprecher/in gewählt.

Bei herkömmlicher Vorgehensweise hätte Klaus von den im Tabellenausschnitt dargestellten fünf Schülern vermutlich keine einzige Stimme bekommen. Die Schüler 1 bis 4 hätten „Hans" auf den Stimmzettel geschrieben, die Schüler 30 bis 32 hätten „Max" bevorzugt.

„Hans", der hier laut Tabelle die meisten Fürsprecher hat, wäre aber kein guter Klassensprecher geworden – denn er hat viele Gegner. Zur Verdeutlichung des Unterschiedes habe ich rechts neben der Summe den durchschnittlichen Widerstand, den sogenannten „normierten Widerstand" aufgeführt und die

Akzeptanz (vgl. auch „Kennwerte des Konsensierens", S. 81). Im Durchschnitt ist die Klasse auf unserer Skala von 0 bis 10 mit 6,91 Widerstandspunkten dagegen, dass Hans die Interessen der Klasse vertritt. In Prozent bedeutet dies, gegen ihn hat die Klasse 69,1 Prozent der verfügbaren Widerstandswerte vergeben – oder anders gesagt, er hat nur eine Akzeptanz von 30,9 Prozent (100 – 69,1).

Als Kritik wird an dieser Stelle oft eingeworfen: Wird nun mit Klaus eine „graue Maus" Klassensprecher – jemand, der nirgends aneckt, aber auch nichts bewegen kann? Hier sei noch einmal auf die Fragestellung verwiesen. Würde sich wirklich jemand von einer grauen Maus vertreten lassen wollen und deshalb gegen Klaus nur 1, 3, oder 4 – im Durchschnitt 2,69 – Widerstandspunkte vergeben? Wohl kaum.

Zusammenfassung „Klassensprecherwahl"

Fall: konstruiert

Zeitbedarf für die Entscheidung: ca. 30 Minuten

Hilfsmittel: Tafel, Notizzettel als Wahlzettel, Formblatt oder Excel-Tabelle

Besondere Vorteile: Es ist nicht möglich, dass Klassensprecher oder Klassensprecherinnen gewählt werden, die stark polarisieren. Es werden Personen gewählt, die eine breite Akzeptanz in der Gruppe besitzen.

Besonders zu beachten: Spezielle Tipps für Personenwahlen, siehe „SK von A bis Z", S. 88.

Ähnliche Fälle: Wahl von Repräsentanten und Delegierten jeder Art, Mitarbeiterauswahl

Veröffentlichung eines Nachhaltigkeitsberichtes

Ein produzierendes mittelständisches Unternehmen in Südtirol erstellte im Rahmen eines Projektes einen Nachhaltigkeitsbericht. Dieser Bericht dient sowohl der Imageförderung nach außen als auch der Mitarbeiterbindung. In die Erstellung des Berichtes waren mehrere Teams von Mitarbeitern eingebunden. Die Besonderheit hier war, dass einige Mitarbeiter praktisch nur italienisch sprachen.

Eine der anstehenden Entscheidungen sollte klären, wie der Titel des Berichtes lauten sollte. Von der Geschäftsleitung gab es hierzu drei mögliche Titel zur Auswahl. Etwa 30 Personen sollten sich auf einen möglichst aussagekräftigen Titel einigen.

Da sich die Mitarbeiter außerdem mit neuen Entscheidungs-findungsprozessen vertraut machen wollten und dieses einfache Beispiel dazu geeignet schien, wählten sie SK als Abstimmungs-verfahren. Die folgende Abbildung zeigt das Ergebnis dieser Aus-wahlkonsensierung:

Titel	Summe	Mittel	Akzeptanz
Titel 1	102	3,19	68,13
Titel 2	132	4,13	58,75
Titel 3	156	4,88	51,25

Abbildung: Titel für Nachhaltigkeitsbericht

Wie Sie sehen, bewegen sich die Gruppenwiderstände in einem engen Rahmen. Die Akzeptanz für den besten Titelvorschlag lag bei knapp 70%. Das erschien den verantwortlichen Moderatoren nicht „prickelnd" genug. Ein Hinterfragen des Ergebnisses ergab, dass die Übersetzung ins Italienische nicht immer den exakt gleichen Sinn wie im Deutschen ergab, bzw. dass kulturelle Unterschiede eine direkte Übersetzung nicht sinnvoll erscheinen ließen. Mit dieser neuen Erkenntnis schlug man der Geschäftsführung vor, die Namensfindung ausschließlich den Mitarbeitern zu überlassen.

Im darauffolgenden Workshop brachten die Mitarbeiter eigene Vorschläge ein und diskutierten diese. Daraus entstand ein vollkommen neuer Titel inklusive Untertitel, der zunächst ins Italienische und Englische übersetzt und daraufhin konsensiert wurde. Der neue, heute vom Unternehmen verwendete Titel wurde mit einem normierten Widerstand von 0,065 angenommen – dies entspricht einer Akzeptanz von 93,5 Prozent.

Zusammenfassung „Nachhaltigkeitsbericht"

Fall: echter Praxisfall, rekonstruiert und anonymisiert, SK-Moderator: Jörn Wiedemann

Zeitbedarf für die Entscheidungsvorbereitung: 30 Minuten

Zeitbedarf für die Entscheidung: wenige Minuten

Hilfsmittel: Flipchart (Bewertung offen per Zuruf)

Besondere Vorteile: Die ursprünglich „einfache" Aufgabe entpuppte sich über das Meinungsbild als doch etwas komplexer als ursprünglich angenommen. Alle Mitarbeiter wurden einbezogen und gehört. Der jetzt gefundene Titel bietet eine echte Identifizierungsmöglichkeit. Die Mitarbeiter stehen hinter „ihrem" Bericht.

Ähnliche Fälle: Namensfindung für Buchtitel, Vornamen für den eigenen Nachwuchs, Vereinsbezeichnungen, Firmennamen usw.

Planung eines Firmenevents

Eine Semiarteilnehmerin schilderte uns, dass sie mit dem Konsensieren eine sehr effektive Art gefunden hat, wie sie künftig Betriebsausflüge und Weihnachtsfeiern planen kann. Sie hat insgesamt 50 Mitarbeiter. In der Vergangenheit kostete es immer sehr viel teure Arbeitszeit, bis man sich endlich auf einen gemeinsamen Plan einigen konnte.

Mit Hilfe des Konsensierens teilt sie nun den Prozess in drei klare Phasen auf und reduziert dadurch deutlich den Zeitaufwand.

Phase 1, Ideensammlung: Die Mitarbeiter werden per E-Mail aufgefordert, Ideen zu sammeln. Für diesen Zweck hängt in der Teeküche ein Zettel aus, auf dem Ideen und Wünsche notiert werden. Diese Phase dauert etwa 2 Wochen.

Phase 2, Vorbereitung und Durchführung der Konsensierung: Die für die Organisation Verantwortlichen prüfen die Ideen auf Realisierbarkeit. Außerdem schreiben sie alle realistischen Vorschläge in eine Excel-Tabelle und verschicken diese an alle Mitarbeiter mit der Bitte, die Bewertungen vorzunehmen. Die ausgefüllten Tabellen werden zurück an das Organisationsteam geschickt.

Phase 3, Zusammenfassung der Ergebnisse und Entscheidung: Das Organisationsteam führt von allen Rückläufern die Bewertungen in einer Tabelle zusammen und addiert die Werte zu den jeweiligen Gruppenwiderständen. Das Ergebnis geht als Vorschlag bzw. als „Kooperative Entscheidungsempfehlung" (siehe auch unten) an die Geschäftsleitung, der die letztendliche Entscheidung vorbehalten bleibt.

Methodische Anmerkungen: Dieser mehrstufige Prozess wird auch durch diverse Online-Tools unterstützt (siehe Hilfsmittel und Tools, S. 90).

Es kann bei diesem Vorgehen natürlich vorkommen, dass sich kein klares Ergebnis ergibt. Was soll die Geschäftsleitung tun, wenn das Ergebnis – ähnlich wie im nachfolgenden Beispiel - unklar ausfällt?

	Betriebsausflug	Summe	Mittel	Akzeptanz
A	Oktoberfest	160	3,20	68
B	Bergwanderung	165	3,30	67
C	Opernbesuch	245	4,90	51

Abb.: Ideen für Betriebsausflug für 50 Mitarbeiter

Wie Sie sehen, haben wir zwar ein Ergebnis. Der normierte Widerstand liegt aber für den besten Vorschlag „Oktoberfest" bei 3,2. Für ein Firmenevent ist dies relativ hoch. Wären die Mitarbeiter mit Freude dabei oder haben sie wenig Lust auf einen Betriebsausflug? Außerdem schneidet die Bergwanderung nur geringfügig schlechter ab.

Hilfreich ist es in solchen Fällen, die Passivlösung von vornherein mit abzufragen. Diese würde in diesem Fall bedeuten: wir unternehmen keinen Betriebsausflug.

	Betriebsausflug	Summe	Mittel	Akzeptanz
A	Oktoberfest	160	3,20	68
B	Bergwanderung	165	3,30	67
C	kein Ausflug ("Passiv-Lösung")	205	4,10	59
D	Opernbesuch	245	4,90	51

Abb.: Ideen für Betriebsausflug für 50 Mitarbeiter, inklusive „Passivlösung"

Die Passivlösung hilft uns, das Ergebnis besser einzuordnen. Wir wissen nun, dass die Mitarbeiter lieber zu Hause bleiben als in die Oper zu gehen. Oktoberfest und Bergwanderung schneiden besser ab als die Passivlösung. Das heißt, die Mitarbeiter wollen grundsätzlich schon einen Betriebsausflug unternehmen.

Wenn die Befragung nicht anonym stattgefunden hat, kann man die hohen Widerstände hinterfragen und die Vorschläge ggf. anpassen. Beim Oktoberfest könnten Uhrzeit und Wochentag eine

Rolle spielen. Bei der Bergwanderung haben eventuell Mitarbeiter Bedenken, die nicht so gut zu Fuß sind.

Zusammenfassung „Firmenevent"

Fall: echter Praxisfall einer Seminarteilnehmerin

Zeitbedarf für die Entscheidung: pro Mitarbeiter wenige Minuten

Hilfsmittel: Flipchart, Excel-Liste oder Online-Tool

Besondere Vorteile: Die Erfahrungen mit dieser Vorgehensweise sind gut. Alle Mitarbeiter haben die Möglichkeit, Vorschläge einzubringen und die Diskussion wird strukturiert und zeitlich abgekürzt. Es sind nicht immer die gleichen Mitarbeiter gefordert, sich wieder und wieder etwas Neues einfallen zu lassen. Durch Abfragen der Passivlösung kann auch abgeschätzt werden, wie gerne die Mitarbeiter generell am Firmenevent teilnehmen.

Ähnliche Fälle: private und geschäftliche Events, Betriebsausflüge, Weihnachtsfeiern, gemeinsame Unternehmungen, Urlaubsziele etc.

Verteilung von Einnahmen in einem Kooperationsprojekt

In Kooperationsprojekten stellt sich häufig die Herausforderung, dass vorab kaum geklärt werden kann, welcher Partner welche Leistung einbringt, wie hoch der erzielte Gewinn sein wird und wem dann welcher Anteil zusteht. Macht man sich im Vorfeld viele Gedanken, die man gegebenenfalls auch in einem Vertrag festlegt, kann es im Laufe des Projektes leicht zu Unstimmigkeiten kommen. Das Projekt kann sich dynamisch entwickeln und einzelne Mitglieder bringen mehr ein als gedacht, andere weniger.

Im vorliegenden Fall haben sich die Kooperationspartner darauf geeinigt, dass sich alle zunächst auf die inhaltlichen Erfordernisse des Projektes konzentrieren. Nach Abschluss des Projektes kann man feststellen, wer was in das Projekt eingebracht hat (Zeit, Geld, Kontakte, ggf. bahnbrechende Ideen) und anschließend bewerten, wie das vergütet werden soll.

Am Projekt, bei dem es um die Bewerbung und Durchführung von Workshops ging, waren insgesamt 7 Trainerkollegen beteiligt. Von diesen haben sich insgesamt 5 aktiv in das Projekt eingebacht. Es bestand ein Grundkonsens, dass zeitbezogene Arbeitsleistungen gleich bewertet werden sollen und nicht etwa aufgrund von Erfahrung oder fachlichen Spezifika Unterschiede in den Honorarsätzen bestehen.

Im Laufe der ca. sieben Monate hat es sich ergeben, dass sich 2 Kooperationspartner deutlich weniger eingebracht haben und dass das Projekt insbesondere von 3 Partnern vorangetrieben wurde.

Nach ca. 6 Monaten gemeinsamer Projektarbeit gab es erste Einnahmen und nach Abzug der Kosten einen Gewinn, der verteilt werden konnte. Noch war nicht genau abzuschätzen, wie hoch der Gewinn am Ende sein würde. Es war jedoch schon klar, wer welche Leistungen ins Projekt eingebracht hat. Daher war der Zeitpunkt gekommen, an dem entschieden werden konnte, wem welcher Anteil am gemeinsam erwirtschafteten Kuchen zustand. Diese Frage wurde natürlich mit Hilfe von SK gelöst.

Die Vorbereitung der Entscheidung

Da die Trainer an unterschiedlichen Orten wohnen, wurde die Entscheidung per Mail vorbereitet:

Liebe Kolleginnen und Kollegen,

für die anstehende Entscheidung zur Verteilung der Einnahmen schlage ich folgendes Procedere vor:

A) Ermittlung des Gewinns

Von den Einnahmen (ca. x.xxx EUR) ziehen wir die Fremdkosten (Bewirtung, Fahrtkosten, Porto usw.) ab.

Damit ermitteln wir unseren vorläufigen Gewinn, den wir aufgrund der bisherigen Einnahmen verteilen können.

Hinzu kommen dann hoffentlich noch weitere Einnahmen durch die noch ausstehenden Abrechnungen.

B) Verteilung der Einnahmen

Damit ich die Einnahmen schnell weiterverteilen kann, wäre es gut, wenn wir uns vorher auf eine prozentuale Verteilung einigen können.

Ich schlage vor, dass wir das durch Systemisches Konsensieren klären:

Schritt 1: Klärung, wer welchen Beitrag geleistet hat.

Schritt 2: Wer soll sich am Konsensieren beteiligen (alle 7 oder nur die 5 am Projekt Beteiligten)?

Schritt 3: Vorschläge für die prozentuale Verteilung

Schritt 4: Konsensieren

Schritt 5: Modifikation der Vorschläge

…. Weiter mit Schritt 4, bis wir eine gute Lösung haben.

Schritt 6: Wir sind stolz auf „den erlegten Bären" und auf die faire Verteilung ;-)

Hier schon mal eine erste Aufstellung, wer was für das Projekt geleistet hat (bitte ergänzen, wenn ich etwas übersehen habe):

Clara

Überarbeitung der Ausschreibungstexte

Michael

Beteiligung an den ersten Treffen

Beteiligung an der Konzeption und an der grundsätzlichen Planung

Verena

Kontakt zum Multiplikator

Beteiligung an den ersten Treffen

Beteiligung an der Konzeption und an der grundsätzlichen Planung

Drehscheibe für die Telefonate

Konzeption und Durchführung eines Workshops (mit Klaus)

Klaus

Beteiligung an den ersten Treffen

Beteiligung an der Konzeption und an der grundsätzlichen Planung

Beratung für 17 Interessenten

> Konzeption und Durchführung von 2 Workshops (einen davon mit Verena)
> **Stefan**
> Beteiligung an den ersten Treffen
> Beteiligung an der Konzeption und an der grundsätzlichen Planung
> Beratung für 33 Interessenten
> Rechnungsstellung für Tagungspauschalen sowie für Seminargebühren
> Konzeption und Durchführung von 1 Workshop (Integration von 5 TN in 2 weitere Workshops)
>
> Habe ich etwas Wesentliches vergessen? Wenn ja, dann bitte ergänzen.
> Viele Grüße
> Stefan

Über die Rückantworten wurde die Liste der erbrachten Leistungen noch geringfügig erweitert. Außerdem hat sich geklärt, dass an der Bewertung nur die 5 Hauptbeteiligten teilnehmen sollen. Damit waren Schritt 1 „Klärung, wer hat welchen Beitrag geleistet?" und Schritt 2 „Wer soll sich am Konsensieren beteiligen?" erledigt.

Die Entscheidung

Für die Entscheidung wurde eine Telefonkonferenz anberaumt.

Der erste Vorschlag lautete:

Clara	1%
Michael	3%
Verena	32%
Klaus	32%
Stefan	32%

Zu diesem Vorschlag wurde das Konsensieren nicht durchgeführt, da Michael Bedenken äußerte. Er hätte ein komisches Gefühl, wenn er darüber diskutieren sollte, ob ihm nun 3 oder 3,5 Prozent zustünden. Ihm wäre daher für Clara und ihn selbst ein pauschaler Betrag wesentlich sympathischer.

Der zweite, modifizierte Vorschlag lautete:

Clara	pauschale Vergütung in Höhe von xy EUR
Michael	pauschale Vergütung in Höhe von yz EUR
Verena	1/3 des verbleibenden „Kuchens"
Klaus	1/3 des verbleibenden „Kuchens"
Stefan	1/3 des verbleibenden „Kuchens"

Dieser Vorschlag wurde dann mit sehr geringen Widerstandswerten angenommen.

Methodische Anmerkung: Die Einwandfrage kannten wir damals noch nicht. Sie hätte in diesem Fall vermutlich auch ausgereicht: „Ich schlage vor, dass wir die Verteilung wie folgt gestalten ... Gibt es dagegen Einwände?" (siehe auch S. 86).

Erfahrungen und Kommentar

Ich habe bereits vielfältige Erfahrungen mit Kooperationen gemacht und ganz unterschiedliche Modelle für die oft schwierige Frage nach einem gerechten Verteilungsschlüssel durchexerziert. Es ist egal, wie ausführlich man sich zu Projektbeginn Gedanken macht. Im Laufe des Projektes ergaben sich fast immer Dynamiken, die den ursprünglich gefundenen Verteilungsschlüssel in Frage stellten.

Die hier gewählte Vorgehensweise hat den großen Vorteil, dass man sich zunächst auf die wirklichen Erfordernisse des Projektes konzentrieren kann. Sie setzt jedoch das Vertrauen in die Partner voraus, dass jeder an einer fairen Lösung interessiert ist.

Im hier skizzierten Beispiel war günstig, dass die Beteiligten sehr kompromissfähig waren. Daher ging die Entscheidung absolut reibungslos. Sicher hätten sowohl Vera, Klaus als auch Stefan noch argumentieren können, warum sie vielleicht 2 oder 3% mehr bekommen müssen als die anderen. Aber letztlich war allen bewusst, dass es den einzig richtigen und objektiven Bewertungsmaßstab nicht geben kann. Arbeitet jeder wirklich gleich effektiv?

Wie viel ist eine gute Idee wert im Vergleich zu einer Stunde Arbeit? Es wäre hier leicht, die Suche nach einer gerechten Verteilung unendlich kompliziert auszudehnen. Ohne eine gehörige Portion Großzügigkeit lassen sich solche Verteilungsdiskussionen daher kaum lösen.

Zusammenfassung „Verteilung von Einnahmen in einem Kooperationsprojekt"

Fall: echter Praxisfall, anonymisiert, SK-Moderator: Josef Maiwald

Zeitbedarf für die Entscheidungsvorbereitung (Buchhaltung, Auflisten der Leistungen und Anschreiben): mehrere Stunden

Zeitbedarf für die Entscheidung: wenige Minuten

Hilfsmittel: E-Mail und Telefon

Besondere Vorteile: In der Gewissheit, eine wirklich starke Entscheidungsmethode zu kennen, kann man sich auch auf „finanzielle Experimente" einlassen. In diesem Fall war die Entscheidung richtig, nicht schon vorab das Fell des Bären zu verteilen. Während des Projektes gab die Tatsache, dass sich unterschiedliche Trainer mit unterschiedlicher Energie in das Projekt eingebracht haben, keinen Anlass zu Unmut.

Terminfindung

Das Online-Tool von IsyKonsens (siehe „Hilfsmittel und Tools", ab S. 93) eignet sich sowohl für komplexere Fragestellungen wie beispielsweise die Planung eines Team-Events (siehe oben) als auch für einfache Fragen wie hier die Terminfindung.

Nehmen wir an, fünf Teamkollegen suchen nach einem Termin für ein wöchentliches Team-Meeting per Telefonkonferenz.

Die fünf sind sich einig, dass das Meeting am Wochenanfang stattfinden soll.

Einer der fünf Kollegen, nennen wir ihn Markus, legt daher eine Online-Konsensierung mit dem Titel „Wöchentliches Team-Meeting" an. Bei der Gelegenheit generiert das System einen eindeutigen Link, der ihn später jederzeit direkt zu dieser Konsensierung führt.

Über den Link „Gruppe einladen" kann er alle E-Mailadressen der Kollegen eintragen und diese verständigen.

Da ihm selbst die Termine montags um 10 oder 15 Uhr gut passen, trägt Markus sie als Vorschläge ein und nimmt seine Wertungen vor. Jetzt braucht er nur noch zu warten, bis die Teamkollegen eventuell eigene Vorschläge eingetragen und die vorhandenen bewertet haben.

Die Abbildung zeigt das Ergebnis.

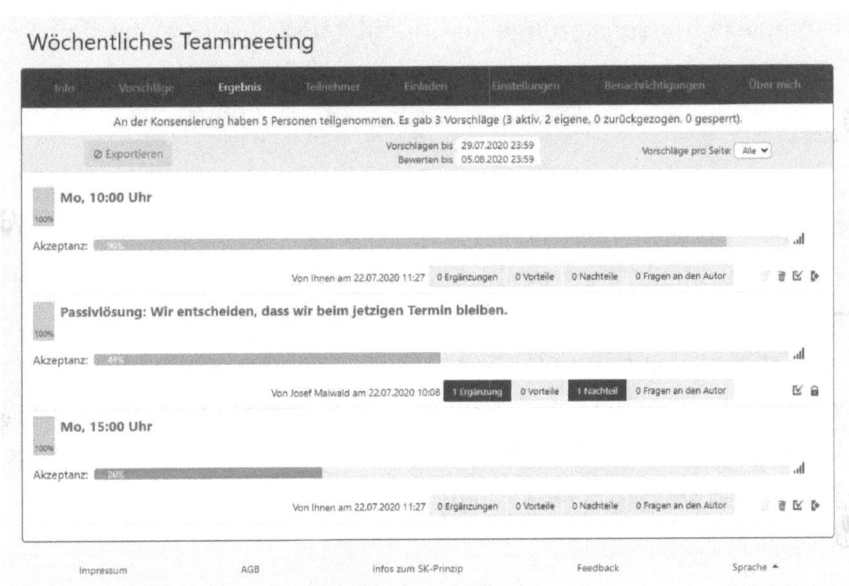

Abbildung: Terminfindung mit einem Online-Tool

Auf der linken Seite sehen Sie das Ergebnis der gemeinsamen Wertung. Der erste Termin hat eine Akzeptanz von 90%, der zweite von 26%. Bei Bedarf könnte sich Markus noch die Häufigkeits-verteilung der W-Stimmen anzeigen lassen, um zu prüfen, ob es hohe Widerstände gibt. Dies ist hier jedoch nicht der Fall. Die Teammitglieder treffen sich künftig montags um 10 Uhr.

Das Online-Tool erinnert ein bissen an Doodle. Allerdings differenziert es bei der Bewertung der Termine nicht nur in „ja", „wenn es sein muss" und „nein". Außerdem ist es wesentlich flexibler einsetzbar.

Zusammenfassung „Terminvereinbarung"

Fall: fingiertes Beispiel

Zeitbedarf für das Anlegen der Konsensierung: wenige Minuten

Zeitbedarf für die Entscheidung: wenige Sekunden

Hilfsmittel: Online-Tool

Besondere Vorteile: sehr flexibles Tool, das einfache und komplexe Konsensierungen unterstützt und eine asynchrone Bearbeitung erlaubt

Maßnahmen aufgrund einer Mitarbeiter-Befragung

Die Möglichkeit, im Arbeitsleben mitgestalten zu können, stärkt Motivation, Bindung und Teamgeist. Nur, wie erarbeitet man aus vielfältigen und zum Teil sich widersprechenden Ideen weitreichend akzeptierte Lösungen – und das in vertretbarer Zeit? Unsere Methode der Wahl ist auch hier das Systemische Konsensieren in Kombination mit anderen Tools.

Unsere Aufgabenstellung

In den letzten Jahren haben wir immer wieder in diversen Organisationen Workshops durchgeführt, die dazu dienten, auf der Basis von Ergebnissen einer Mitarbeiterbefragung Maßnahmen zu entwickeln, die eine möglichst breite Akzeptanz finden und die natürlich einen nachhaltig positiven Effekt auf die Qualität der Arbeit und die Unternehmenskultur haben sollen. Der zeitliche Rahmen für die Workshops war mit jeweils einem Tag eng gesteckt.

Analyse der Ist-Situation

Den Workshops vorgeschaltet ist in der Regel eine sorgfältig konzipierte Online-Befragung. Wie aufwändig diese Mitarbeiterbefragung gestaltet ist, hängt von der Größe der Organisation ab und von der Frage, wie häufig solche Befragungen stattfinden. In einigen Fällen haben wir in der Analysephase auch schon mit telefonischen Interviews und Workshops gute Erfahrungen gemacht. Wichtig ist, dass klar herausgearbeitet wird, mit welchen Arbeitsbedingungen die Mitarbeiter besonders zufrieden bzw. unzufrieden sind.

Ablauf der Workshops

- Zu Beginn der Workshops stellen wir die wichtigsten Ergebnisse der Befragung dar und erläutern diese (Dauer ca. 1,5 Stunden).
- Die Teilnehmer erhalten eine kurze Einführung in die Methode „Systemisches Konsensieren" (Dauer ca. 10 Minuten).
- Anschließend folgten 2 bis 3 Runden mit mehreren Kleingruppen, in denen die Maßnahmen erarbeitet werden.
- Unmittelbar nach Vorstellung der Kleingruppenergebnisse werden die Vorschläge durch die Gesamtgruppe bewertet und ggf. aufgrund der ermittelten Werte zielgerichtet diskutiert (Dauer je Runde 1,5 Stunden).
- Durch die Bewertung ergibt sich eine Reihenfolge, die für die spätere Umsetzung der Maßnahmen eine Orientierung darstellt.

Im Folgenden erläutern wir die einzelnen Schritte.

Kurzeinweisung in die Methode Systemisches Konsensieren (SK)

Im vorliegenden Kontext ist es ausreichend, nur kurz in die Methode SK einzuführen. Es geht darum, dass sich die Beteiligten schnell einen verschaffen können, welche Vorschläge eine einheitlich hohe Akzeptanz in der Gruppe haben bzw. an welchen Stellen es Diskussionsbedarf oder größere Bedenken gibt. Die im Anschnitt „Wesentliche Elemente des SK" aufgeführten Inhalte haben sich für eine kurz Erläuterung sehr bewährt.

Erarbeitung von Maßnahmen in Kleingruppen

Die Kleingruppen werden nach Interessen gebildet. Jede Gruppe greift ein Ergebnis der Befragung heraus und hinterfragt soweit wie möglich, auf welche Umstände die Aussagen der Mitarbeiter zurückzuführen sind. Auf dieser Basis werden Vorschläge für Maßnahmen entwickelt (Beispiel, siehe Abbildung, bis zur Spalte „Verantwortung"). Bei Bedarf werden weitere Details auf einem Flipchart festgehalten.

Meinungsbild mittels Konsensieren

Die nachfolgende Tabelle veranschaulicht ein Ergebnis, das bei einem dieser Workshops erarbeitet wurde:

	Maßnahme zu	Maßnahme	Zeitraum 0-6 Mo	6-12 Mo	12-24 Mo	Verantwortung	mittl. W.	Rang	TN1	TN2	TN3	TN4	TN5	TN6	TN7	TN8	TN9	TN10	TN11	TN12	Summe	nWist (Farb	Rang
A	Zielgruppe bis 24	Workshop mit Zielgruppe bis 24 J.	•			Personalentwicklung	1,17	2	3	2	1	0	0	6	0	0	0	0	0	2	14	1,17	2
I	Beteiligung der MA und Umgang mit Ideen	Internes Vorschlagswesen weiterentwickeln, auch monetär	•			BO	1,42	5	2	3	2	3	0	1	0	4	1	0	0	1	17	1,42	5
M	Kommunikationskultur	Innovationswerkstatt zum Thema	•			interessierte MA	1,83	3	5	4	1	4	0	0	0	1	1	0	0	0	16	1,83	3
Q	divese	abteilungsspezifische Behandlung	•			AIs	0,50	1	2	0	1	0	1	1	0	0	0	0	0	1	6	0,50	1
R	Veränderungsfähigkeit	persönliche Info über Veränderungen	•			FKs	1,58	7	4	5	3	2	0	0	0	2	0	2	0	1	19	1,58	7
S		Informationsinteresse aktiv äußern	•			MA	2,83	15	6	7	2	2	5	0	0	2	5	3	0	2	34	2,83	15
T	Umgang mit MA	empathisches Interesse am MA	•			FKs	2,67	14	1	5	3	4	5	3	0	4	2	5	0	0	32	2,67	14
U		mehr individuelle Gespräche, MA-Gespräche	•			FKs	1,50	6	3	0	4	2	0	1	2	1	2	3	0	0	18	1,50	6
V	Würdigung der Leistung	Weitergabe von guten Leistungen an andere Stellen durch FK	•			FKs	1,67	8	4	2	1	3	2	1	0	2	0	2	3	0	20	1,67	8
W		Hospitation (Rotation) in andere Orga-Einheiten		•		FKs und Personalentwicklung	5,58	24	10	4	5	8	9	2	7	4	0	6	5	9	67	5,58	24
Y		mehr Förderungsangebote in die Breite	•				4,92	22	7	7	5	4	7	6	4	6	3	5	5	0	59	4,92	22

Eine Kleingruppe hat sich speziell mit den Ergebnissen der bis zu 24-jährigen beschäftigt, die teilweise sehr stark von den Ergebnissen der anderen Altersgruppen abwichen. Eine der vorgeschlagenen Maßnahmen war ein Workshop mit dieser Zielgruppe, in der diese noch einmal selbst herausarbeitet, welche speziellen Bedürfnisse sie hat und wie man diesen besser gerecht werden kann. Die meisten Teilnehmer (siehe ab Spalte „TN1") waren von dieser Maßnahme sehr angetan. Nur TN6 war zunächst sehr skeptisch, ob der Workshop mit einem entsprechenden Mehrwert durchgeführt werden kann. Nach einer kurzen Diskussion konnten die Bedenken zumindest soweit ausgeräumt werden, dass er seinen Widerstandswert von 10 auf 6 reduzierte.

Beim Thema Veränderungsfähigkeit und dem Vorschlag „S" die Mitarbeiter dazu aufzufordern, ihr Informationsinteresse aktiv zu äußern, bestand auch Diskussionsbedarf. Insgesamt waren die Bedenken nicht gravierend (im Mittel 2,83), aber dennoch groß genug, dass dieser Vorschlag nur auf dem 15. Rangplatz landete.

Die Skepsis bei den Vorschlägen „W" Hospitation und „Y" mehr Förderungsangebote in die Breite war am größten. Es ist zu erwarten, dass diese Vorschläge nicht realisiert werden.

Abschließende Priorisierung

Durch die Bewertung und das Aufsummieren der Einzelwerte ergibt sich automatisch eine vorläufige Priorisierung der Maßnahmen. Da die Maßnahmen unterschiedliche Arbeitsbedingungen tangieren, der Aufwand und der Zeitraum für die Realisierung sowie die Verantwortlichen variieren, wird in der Praxis die Reihenfolge der Realisierung vom ermittelten Rang (siehe letzte Spalte in der Tabelle) abweichen. Das SK-Meinungsbild gibt jedoch eine gute Orientierung, was die Workshop-Teilnehmer von den erarbeiten Maßnahmen halten.

Erfahrungen und besondere Herausforderungen

Es kommt gelegentlich vor, dass Teilnehmer anfangs durch die Umkehrung der Skala (je höher der Wert, desto weniger akzeptiert) verwirrt sind. Dies gibt sich jedoch schnell. Größer ist die Herausforderung, während der Kleingruppenarbeit nicht unnötig lange zu diskutieren, sondern bei Bedarf wichtige Argumente lediglich zu notieren.

Alles in allem ergibt sich jedoch durch die schlanke Anwendung der SK-Methode ein beschleunigendes Element, sobald die Teilnehmer Vertrauen gefasst haben, dass nicht immer alles ausdiskutiert werden muss, sondern dass es oft auch ausreicht, wenn die Gruppenmitglieder ihre Bedenken in einen Zahlenwert übersetzten. Durch die zusammengefasste Darstellung in der Tabelle hat jeder Teilnehmer einen schnellen Überblick über die erarbeiteten Maßnahmen inklusive der Akzeptanz in der Gruppe.

Zusammenfassung „Maßnahmen aufgrund einer Mitarbeiter-Befragung"

Fall: echter Praxisfall, anonymisiert, SK-Moderator: Josef Maiwald

Zeitbedarf: ca. 1 Workshop-Tag

Hilfsmittel: Flipchart, Notizzettel und Excel-Liste

Besondere Vorteile: Die Maßnahmen können arbeitsteilig in Kleingruppen erarbeitet und in der gesamten Gruppe bewertet werden. Der Zeitaufwand für Diskussionen wird reduziert. Die Kreativität der Mitarbeiter/-innen kann genutzt werden. Die eigentlichen Entscheider werden entlastet.

Gemeinsames Seminar

In der Führungsmannschaft der Firma Schneider ist es üblich, pro Jahr ein gemeinsames Seminar zu besuchen. Die acht Führungskräfte überlegen, welches Thema sie als nächstes reizen würde.

Im gemeinsamen Brainstorming werden folgende Lösungen genannt:

- Rhetorik-Kurs
- Outdoor-Seminar
- Führen auf Augenhöhe
- Qi-Gong - Lehrgang

Der Geschäftsführer weiß, dass es hilfreich ist, die sogenannte „Passivlösung" einzuführen. Daher schreibt er in die Excel-Tabelle auch „kein Seminar" als fünfte Alternative.

Die acht Führungskräfte schreiben im nächsten Schritt die Buchstaben A bis D und P für „Passivlösung" auf einen Zettel und bewerten die fünf Vorschläge auf der Skala 0 bis 10, wobei 0 bedeutet „es spricht nichts dagegen" und 10 „maximaler Widerstand, kommt für mich nicht in Frage". Die Zwischenwerte erlauben eine beliebige Abstufung.

Die folgende Abbildung zeigt ein erstes Meinungsbild:

Fragestellung: gemeinsamens Seminar

	Alternativen	AB	DE	FK	HT	KM	MH	OW	TG	Summe	nWist
A	Rhetorik-Kurs	9	9	4	3	8	0	0	1	34	4,25
B	Outdoor-Seminar	0	0	0	0	4	8	1	0	13	1,63
C	Führen auf Augenhöhe	6	6	2	2	4	3	5	0	28	3,50
D	Qi Qong - Lehrgang	7	7	8	0	7	0	2	1	32	4,00
P	kein Seminar	10	10	10	9	10	10	10	7	76	9,50

Abbildung: Gemeinsames Seminar, Lösungsvorschläge und Bewertung mit Excel als Hilfsmittel erfasst

In der dargestellten Matrix sehen wir, dass der Vorschlag „Outdoor-Seminar" von fast allen Teilnehmern bevorzugt wird. Nur TG hat auch das Seminar „Führen auf Augenhöhe" mit null

Widerstandspunkten bewertet – er kann sich also auch für dieses Thema begeistern. MH allerdings hat mit acht Widerstandspunkten hohe Bedenken gegen das Outdoor-Seminar. Die Nachfrage ergibt, dass MH nicht schwindelfrei ist und daher keinesfalls in einen Hochseilgarten will. HT, der den Vorschlag eingebracht hat, weiß jedoch, dass es bei Outdoor-Seminaren nicht nur Hochseilgarten, sondern viele andere Möglichkeiten gibt. Er schlägt daher vor, dass man sich von einem entsprechenden Anbieter zwei mögliche Varianten der Ausgestaltung – ohne Hochseilgarten – skizzieren lässt und dass man sich dann für die ansprechendere Variante entscheidet. Bezüglich dieses modifizierten Vorschlags ändert MH seinen Widerstandswert auf 2, alle anderen bleiben bei ihren Werten.

Damit hat sich nach kurzem Hinterfragen der Bedenken und einer Anpassung des bestgereihten Vorschlags ein klarer Favorit heraus-kristallisiert. Anhand des Meinungsbildes konnte die klärende Diskussion schnell und zielgerichtet geführt werden. Dagegen konnten z.B. AB, DE und KM in der Phase der Ideensuche den Vorschlag „Rhetorik-Kurs" ganz entspannt stehen lassen und sich neue Vorschläge überlegen. Es ist ja klar, dass später jeder Vorschlag bewertet wird. Dann ist es möglich über den Widerstandswert auszudrücken, dass man gegenüber diesem Vorschlag Vorbehalte hat.

In der Tabelle wird rechts noch der „normierte Widerstand" (nWist), also der Durchschnittswert aller Einzelwiderstände angezeigt. Für den Vorschlag „Outdoor-Training" lag er auf Anhieb bei 1,63 – also schon relativ gut. Durch Änderung der Acht auf eine Zwei, verbessert sich der Wert auf 0,88.

Schließlich noch ein Blick auf die Passivlösung. Wenn man sich nicht auf ein gemeinsames Seminar einigen kann, hieße diese „kein Seminar" zu besuchen. Diese Lösung wird von allen Führungskräften stark abgelehnt. Mit einem normierten Widerstand von 9,50 liegt dieser nahe am Maximum. In diesem

Fall drückt das Ergebnis ein klares Bekenntnis aus, dass man sich gemeinsam weiterbilden will.

Zusammenfassung „Gemeinsames Seminar"

Fall: echter Praxisfall, anonymisiert

Zeitbedarf für die Entscheidung: wenige Minuten

Hilfsmittel: Notebook mit Excel, Beamer, Notizzettel

Besondere Vorteile: Die Vorlieben der Teilnehmer/-innen werden transparent. Im Seminar können die Schwerpunkte entsprechend gesetzt werden.

Teamkonflikt

Siegfried Schrotta berichtet von einem Konflikt, der sich in einem Arbeitsteam von 36 Personen entwickelt hatte. Ausgangsbasis war eine Diskussion in einem Sprachinstitut, mit welchem pädagogischen Konzept man den geänderten Anforderungen begegnen sollte.

Die Mitarbeiter hatten insgesamt sieben Vorschläge eingebracht und darüber nach dem Mehrheitsprinzip abgestimmt.

Das Ergebnis ist in folgender Tabelle dargestellt. Wir sehen, der Vorsprung für Vorschlag 2 ist mit 9 Stimmen nur knapp. Außerdem stehen den 9 Befürwortern 27 Personen gegenüber, die im besten Fall eine andere Lösung besser finden und im schlimmsten Fall total dagegen sind. Tatsächlich gab es hier viele erbitterte Gegner dieses Vorschlags. Daher entbrannte der Konflikt. Die in der Abstimmung „Unterlegenen" wollten sich mit dem Ergebnis nicht abfinden.

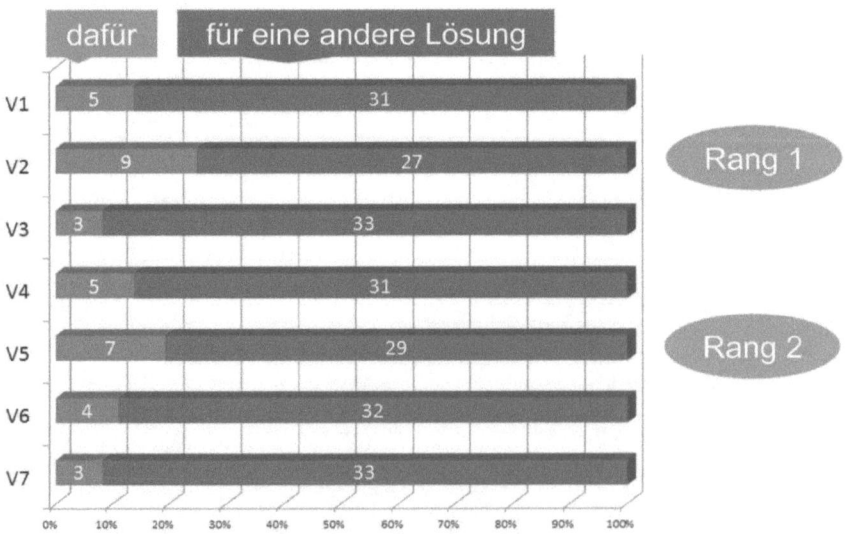

Abbidung: Ergebnis nach Mehrheitsabstimmung für die Vorschläge V1 bis V7

Auf dieser Basis wurde eine SK-Moderation durchgeführt. Hierbei wurde auch die Passivlösung „alles bleibt wie es ist" als Variante aufgenommen. Es stellte sich heraus, dass die Vorschläge 5 und 4 dem Konsens näher kamen als die Passivlösung. Damit war klar, dass es eine Veränderung geben sollte. Der Vorschlag 5 hatte lediglich einen normierten Widerstand von 2,3, das heißt eine Akzeptanz von 77% (siehe auch Abschnitt „Kennwerte"). Die Akzeptanz war aber nicht nur formal gegeben. Die Gruppe nahm den Vorschlag 5 erleichtert an und beschloss einvernehmlich dessen Umsetzung.

Es ist schon erstaunlich, dass bei so viel Übereinstimmung in der Gruppe durch den Einsatz einer unzureichenden Entscheidungsmethode, nämlich der traditionellen Abstimmung, ein handfester Konflikt entstehen kann.

Das Beispiel können Sie in einer ausführlichen Fassung nachlesen in Schrotta, 2011, S. 49 bis 58.

Zusammenfassung „Teamkonflikt"

Fall: echter Praxisfall, anonymisiert, SK-Moderatoren: Siegfried Schrotta und Erich Visotschnig

Zeitbedarf für die Entscheidungsvorbereitung inklusive Vorgespräche: mehrere Stunden

Zeitbedarf für die Entscheidung: eine Stunde

Hilfsmittel: Excel-Tabelle und Beamer

Besondere Vorteile: Durch die konsensfördernde Dynamik konnte der zuvor entfachte Konflikt konstruktiv gelöst werden. Anhand der Konsensierungs-Matrix wurde anschaulich, dass es sogar zwei Vorschläge gibt, die eine deutlich höhere Akzeptanz finden als die bisherige Lösung

Entscheidung per Mail-Korrespondenz

Es gibt einige Kooperationspartner, mit denen ich mich per Mail und einer einfachen Konsensierungsvariante abstimme. Die Mails sind nach folgendem Schema aufgebaut:

Lieber ...
Wie sollen wir mit ... **[Fragestellung]** ... umgehen?
Ich kann mir grundsätzlich folgende Lösungen vorstellen:
A Lösung1 (mein Widerstand 0)
Stichwortartige Darstellung der Lösung1.

B Lösung2 (mein Widerstand 4)
Stichwortartige Darstellung der Lösung2.

C Lösung3 (mein Widerstand 2)
Stichwortartige Darstellung der Lösung3.

usw.
Was meinst Du dazu?
Viele Grüße

Der Kooperationspartner kann sich nun überlegen, ob er eine noch bessere Lösung hat oder ob er lediglich meine Vorschläge bewertet.

Es ist mir bewusst, dass ein derartiges Vorgehen nur mit Leuten zu einem fruchtbaren Ergebnis führt, die den tieferen Sinn des Konsensierens verstanden haben. In der Regel skizziere ich ja nur Lösungsvorschläge, die ich grundsätzlich gut finde, die also von meiner Seite einen geringen Widerstand haben. Wenn meine Kooperationspartner einigermaßen „smart" sind, dann haben sie ein echtes Interesse, die für uns beide beste Lösung zu finden.

Kann man dies voraussetzen, lassen sich per E-Mail sehr schnell Entscheidungen treffen. Ein Großteil der Energie geht in die Erarbeitung der Lösungsalternativen. Gerade bei komplexeren oder emotional behafteten Fragestellungen ist eine schriftliche Skizzierung und deren strukturierende Wirkung sehr hilfreich.

Zusammenfassung „Entscheidung per Mail-Korrespondenz"

Fall: regelmäßiger Praxisfall, hier nur schematisiert

Zeitbedarf für die Entscheidungsvorbereitung: je nach Komplexität des Falls, wenige Minuten bis mehrere Stunden

Zeitbedarf für die Entscheidung: wenige Minuten

Hilfsmittel: E-Mail und manchmal im 2. Schritt Telefon

Besondere Vorteile: Diskussionen per E-Mail können sehr langwierig und fruchtlos verlaufen. Der Fokus auf Lösungsvorschläge, die konsensiert werden können, kürzt den Prozess stark ab. Anstatt langer Argumentation von Vor- und Nachteile, nennt man nur seine Ablehnungswerte und steigt in die Diskussion lediglich bei Bedarf ein.

Optimierung der Besprechungskultur

Wenn Sie vom Nutzen des Konsensierens generell überzeugt sind, können Sie mit der Einführung der Methode auch gleich Ihre Besprechungskultur optimieren.

In den Besprechungen geht es darum, die einzelnen Tagesordnungspunkte in Richtung der jeweiligen Ziele voranzutreiben – also einen Mehrwert zu erzielen. Bereits im Vorfeld der Besprechung aber auch während der Besprechung fallen immer wieder Entscheidungen an. Somit löst jede Besprechung eine Serie von Konsensierungen aus. Hier einige Beispiele:

Terminfindung: Die Fragestellung, welcher Termin für die Gruppe am besten geeignet ist, können Sie konsenieren.

Verabschiedung der Agenda: Vermutlich schicken Sie die Agenda mit der Einladung an alle Teilnehmer. Zu Beginn der Sitzung können Sie abklären, ob es Ergänzungen oder Änderungswünsche zu den Inhalten oder zur Reihenfolge der Agendapunkte gibt. Definitiv festlegen können Sie die Agenda mit Hilfe der Einwandfrage.

Für jeden Agenda-Punkt eine Konsensierung: Sie klären die Fragestellung, also ob es um Erfahrungsaustausch geht, ob Sie gemeinsam eine Lösung mit konkreten Maßnahmen vereinbaren wollen usw. Anschließend sammeln Sie Lösungsmöglichkeiten, erstellen ein Meinungsbild und entscheiden bei ausreichender Akzeptanz, wer was bis wann erledigen soll.

Das Klima für die Besprechung ändert sich alleine schon dadurch, dass Sie mit dem Konsensieren die Zielorientierung (Was ist die Fragestellung? Was wollen wir erreichen?) und die Lösungsorientierung fördern (Welche Ideen zur Lösung gibt es?). Zusätzlich haben Sie mit der Einführung des Konsensierens eine gute Möglichkeit, das Besprechungsverhalten in der Vergangenheit zu reflektieren und neue Regeln zu vereinbaren.

Hilfreiche Regeln sind beispielsweise:

- Jeder der Beteiligten reserviert sich für jede Besprechung ausreichend Vor- und Nachbereitungszeiten.

- Alle Teilnehmer sind vorbereitet und erscheinen pünktlich (Anruf, wenn Verspätung oder Verhinderung).

- Handys sind aus, Mitarbeiter, die nicht an der Besprechung teilnehmen, sind angewiesen, nicht zu unterbrechen.

- Einer leitet bzw. moderiert die Sitzung (Führungskraft, externer Moderator oder im Wechsel).

- Jeder fasst sich in seinen Ausführungen möglichst knapp und präzise.

- Die Themen werden konsequent in der festgelegten Reihenfolge abgearbeitet.

- Neue Themen werden in der Regel als Merkposten für spätere Sitzungen festgehalten. In Ausnahmefällen beschließt man gemeinsam eine Agenda-Änderung.

- Die Besprechung endet pünktlich.

Besondere Vorteile

Konsensieren gibt der Besprechung Struktur und lenkt die Energie auf eine konstruktive Lösungssuche.

Über Besprechungsregeln immer wieder mal nachzudenken ist sinnvoll, da sich immer wieder kleine und größere Nachlässigkeiten einschleichen, die die Effektivität von Besprechungen beeinflussen.

Konsensieren im Kindergarten

Angeregt durch einen Bericht (siehe Paulus, Visotschnig & Schrotta, 2009) haben meine Kollegin Christiane Wittig und ich auch einen praktischen Versuch unternommen, mit Kindergartenkindern zu konsensieren. Die Herausforderung hier liegt darin, dass man den vertrauten Umgang mit Zahlen noch nicht voraussetzen kann.

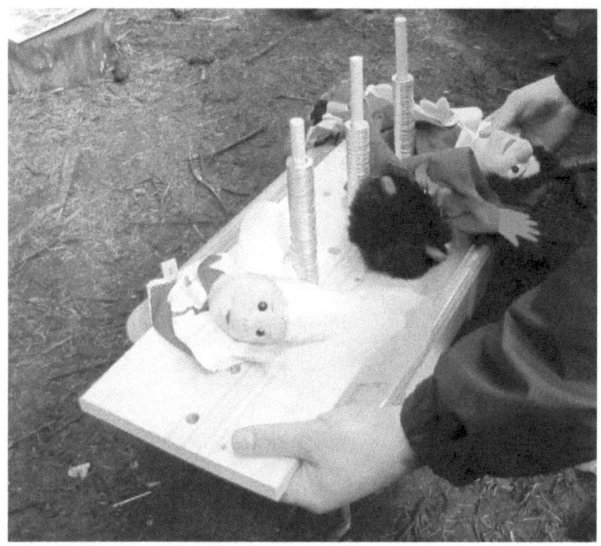

Abbildung: Holzgestell mit Buh-Ringen; hier: Bewertung von Handpuppen

Für ein Pilotprojekt bastelten wir daher ein Holzbrett, in das man bis zu zehn Holzstäbe stecken kann. Anstatt der Zahlen nutzten wir große Beilagscheiben als „Buh-Ringe". Mit den Kindern konsensierten wir in einer Proberunde „Wie gerne mögt Ihr welche Puppe?" und anschließend „Was wollen wir gemeinsam spielen?".

Das ursprüngliche Vorgehen, den Kindern den großen Sack hinzuhalten und sie aufzufordern, sich so viele Buh-Ringe zu nehmen wie sie brauchen, hat sich nicht bewährt. Insbesondere die jüngsten, etwa dreijährigen Kinder wollten sich immer möglichst viele Ringe nehmen. Wir sind dann dazu übergegangen, für jedes Kind und jeden Vorschlag drei Ringe auf unsere Hand zu legen und jeweils zu fragen. „Wie findest Du den Vorschlag, gut, buh, buh-buh oder buh-buh-buh?". Das hat dann sehr gut geklappt. Die Kinder steckten die Beilagscheiben selbst auf die jeweiligen Stäbe. Am Ende konnten sie sehen, wie hoch die „Buh-Türme" der verschiedenen Spiele geworden waren.

Die Kinder waren sehr ruhig und konzentriert bei der Sache. Nachdem das gemeinsame Spiel gefunden war, hat eine der Kindergärtnerinnen die Kinder gelobt. „Seht ihr, diesmal hat es geklappt, dass wir eine Entscheidung treffen, ohne dass alle durcheinanderrufen!".

Methodische Anmerkungen: Nicht bewährt hat sich der von Paulus, Visotschnig & Schrotta beschriebene Weg, den Kindern den Aspekt Ablehnung über Symbolkarten mit heiterer Sonne, Sonne und wenigen Wolken, Sonne und viele Wolken bis hin zum Gewitter zu erläutern. Prompt fanden sich Kinder, die meinten „Aber ich finde Gewitter klasse!". Kinder denken noch nicht in den eingefahrenen Kategorien wie wir Erwachsenen. Der Umweg über die Symbolkarten erscheint uns daher unnötig kompliziert und verwirrend. Inzwischen gibt es auch noch weitere Tools speziell für Kinder. Melden Sie sich bitte, Wenn Sie SK in dem Bereich einsetzten möchten. Ich informiere Sie gerne über den aktuellsten Stand.

Zusammenfassung „Konsensieren im Kindergarten"

Fall: Pilotprojekt

Zeitbedarf für die Erklärung und Entscheidung: ca. eine Stunde

Zeitbedarf für weitere Entscheidungen: ca. 15 Minuten

Hilfsmittel: Buh-Ringe und Holzgestell mit zehn Stäben

Besondere Vorteile: Gerade bei Kindern gilt, dass sich ohne den Einsatz einer besonderen Methode häufig die lautesten durchsetzen. Die haptische Herangehensweise durch die Buh-Ringe und die Visualisierung über die mehr oder weniger hohen Buh-Türme aus Beilagscheiben kommt den Kindern sehr entgegen.

Konsensieren als allgemeines Entscheidungsprinzip im Verein

Der Verein Energetica Harmonica Rosa Alba e.V. (E.H.R.A. e.V.) mit Sitz in Nürnberg hat sämtliche Entscheidungen der Gruppe auf Systemisches Konsensieren umgestellt.

Die Mitglieder sind seit der Gründung des Vereins gewohnt, in allen Belangen einbezogen zu werden. Die Beschlüsse von Mitgliederversammlungen wurden bis 2012 in üblicher Weise per Mehrheitsbeschluss durchgeführt. Nach Beschlüssen und Wahlen blieben regelmäßig Diskrepanzen und Verlierergefühle; eine Kampfabstimmung um einen Vorstandsposten wurde als unstimmig empfunden.

Nach diesen Erfahrungen wurde in einem Workshop des Vereins für einen Beschluss probeweise das Systemische Konsensieren eingesetzt und so die Gruppe auf die Methode aufmerksam gemacht. Es entstand der Wunsch, die Methode des Konsensierens näher kennenzulernen und sich hinsichtlich der Entscheidungsmethoden im Verein neu zu orientieren.

Vorbereitung der Vereinsversammlung

Einige Monate vor der Vereinsversammlung wurden der Gruppe in einer Abendveranstaltung die Methoden und der Hintergrund des Systemischen Konsensierens sowie auch alternative Verfahren ausführlich präsentiert.

Die Gruppe plädierte deutlich für den Einsatz des Systemischen Konsensierens. Die Mitglieder erhielten schriftliche Informationen zur Methode, wurden mit Konsensierungsfächern ausgestattet und gebeten, sich bis zur Versammlung einzulesen.

Durchführung der Entscheidungen und Wahlen

Die Gruppe verfügt über einen erfahrenen SK-Moderator. Vor jeder Wahl wird die Gruppe gefragt, ob geheim oder offen abgestimmt werden soll, die Beschlüsse in offener Form werden mit Konsensierungsfächern (Widerstandswerte 0 bis 10) gefasst. Es hat sich als hilfreich erwiesen, dass die gezeigten Widerstandskarten von 3 Personen im Wahlvorstand (bei ca. 30 abstimmenden Personen) gezählt werden, inklusive Erfassung der hohen Widerstandswerte. Durch den Abgleich der drei Summen kann schnell und einfach sichergestellt werden, dass der ermittelte Gruppenwiderstand korrekt ist.

Dauerhafte Festlegungen der Gruppe

Die Gruppe hat konsensiert, dass in allen Entscheidungen die Widerstandswerte 8, 9 und 10 hinterfragt werden sollen. Die Versammlungsleitung bittet die Abstimmenden, die hinter den hohen Werten stehenden Bedenken zu erläutern.

Die erforderlichen Akzeptanz-Mehrheiten für die Satzung sind zu konsensieren (Beschlüsse der Vereinsorgane, bei Vereinsauflösung usw.).

Erfahrungen bei Personenwahlen

Bei Wahlen, in der nur eine Kandidatin bzw. ein Kandidat zur Wahl steht, ist vorher eine Akzeptanz-Mehrheit festzulegen, z.B. 75% (was einem max. Gruppenwiderstand von 25% entspricht).

In einer Abstimmung für eine Vorstandsposition hat sich der Gewählte selbst ein Widerstandswert von 8 gegeben. Dies führte jedoch nicht dazu, dass er die Wahl nicht angenommen hat. Stattdessen wurden im Nachgang weitere Entscheidungen zur Ausstattung und Unterstützung des Vorstands getroffen (z.B. Unterstützerteam). Eine neue Regel im Verein lautet daher: hohe Widerstandswerte bei Gewählten müssen thematisiert werden.

Die erste Vereinssitzung mit Systemischem Konsensieren, an der 25 Mitglieder teilnahmen, dauerte mit allen Grundsatzbeschlüssen, Aussprachen und Neuwahlen 8 Stunden. Die Wahlvorgänge mittels Konsensieren waren jeweils im Minutenbereich. Einige Mitglieder meldeten neben hoher Zufriedenheit mit den Ergebnissen zurück, dass sie noch einige Stunden länger ausgehalten hätten - ganz im Gegensatz zu früheren Versammlungen.

Vorlage einer Vereinssatzung beim Registergericht

Die Mitglieder von E.H.R.A. e.V. sind mit der Art der Entscheidungsfindung und mit den getroffenen Entscheidungen so zufrieden, dass sie beschlossen haben, das Verfahren des Systemischen Konsensierens in der Vereinssatzung festzuschreiben. Der Verein hat dem Registergericht in 2014 die überarbeitete Satzung vorgelegt.

Die Satzung legt u.a. fest:

- Die Mitgliederversammlung ist bei einer Anwesenheit von mindestens 50% der Vereinsmitglieder beschlussfähig.
- Zur Änderung des Zwecks des Vereins oder zur Auflösung des Vereins ist eine Akzeptanz von 100% aller anwesenden Vereinsmitglieder erforderlich.
- Zur Änderung der Satzung bedarf es einer Akzeptanz von mindestens 90% aller anwesenden Vereinsmitglieder.
- Generelle Beschlüsse und Personalwahlen benötigen eine Akzeptanz von mindestens 75% aller anwesenden Vereinsmitglieder.

Inzwischen ist die Satzung vom Amtsgericht genehmigt. Damit ist der Verein einer der ersten, der SK nicht nur zur Entwicklung von Vorschlägen und zur Entscheidungsvorbereitung nutzt, sondern auch formell die Beschlüsse mittels SK fasst.

Zusammenfassung "Entscheidungsprinzip im Verein"

Fall: echter Fall, dargestellt mit Genehmigung von E.H.R.A. e.V., www.ehra-ev.de

SK-Moderator: Christian Foh

Besondere Vorteile: Die vor Einführung des Konsensierens erlebten Diskrepanzen, Verlierergefühle und Kampfabstimmungen sind überwunden. Die Mitglieder sind mit der Art der Entscheidungsfindung und mit den getroffenen Entscheidungen sehr zufrieden

Konsensieren in der Politik

Im folgenden Fall geht es um die Zusammenlegung von vier steirischen Gemeinden:

Eppenstein	1249	Einwohner
Maria Buch-Feistritz	2290	Einwohner
Reisstraße	174	Einwohner
Weißkirchen i. d. Steiermark	1316	Einwohner

Um Synergien zu nützen und finanzielle Einsparungen zu erwirtschaften, haben sich die Gemeinden entschlossen, ihre Kapazitäten zu bündeln und eine gemeinsame Gemeindestruktur zu erarbeiten. Dieses naturgemäß konflikträchtige Vorhaben wurde durch Konsensieren ohne Konflikte im April 2013 einvernehmlich organisiert und vereinbart.

Gestaltung des Entscheidungsprozesses

Ziel des Vorhabens war es, eine effiziente und für die Bürger/innen transparente Struktur zu entwickeln.

Zunächst wurde den Bediensteten der vier Gemeinden das "Konsensieren" und unterschiedlichste Möglichkeiten für eine Aufbauorganisation vorgestellt. In drei gemischt besetzen Gruppen wurden auf Basis aller Aufgaben, die eine Gemeinde wahrzunehmen hat, mehrere Lösungsvorschläge erarbeitet. Der Konsensierungsprozess beinhaltete als Passivlösung die Entwicklung einer Aufbauorganisation durch die vier Bürgermeister gemeinsam mit einer externen Beraterin. Während die Lösungsvorschläge der Gemeindeangestellten zu einem breit akzeptierten Ergebnis führten, erfuhr die Passivlösung eine hohe Ablehnung.

Die neue Aufbauorganisation mit den Bereichen Bürgermeister, Amtsleiter, Stabstelle, Bürgerservice, Finanzen, Bau und Außendienst wurde in einer weiteren Sitzung in einigen Details noch etwas nachgeschärft und dann genau so von den Bürgermeistern akzeptiert und implementiert.

Diese grundsätzlich konfliktträchtige Situation, in der die Beteiligten viel zu verlieren hatten, wurde so gut gelöst, dass die Gemeinde Weißkirchen wegen der Vorbildwirkung für eine „Konfliktkultur im öffentlichen Raum" den Österreichischen IRIS-Award 2014 in der Kategorie Reformgemeinden gewonnen hat.

Weitere Ausführungen zum Thema finden Sie im Kapitel „Demokratie, wie sie auch sein könnte".

Zusammenfassung zum Beispiel: Konsensieren in der Politik

Fall: echter Fall, dargestellt mit Genehmigung

SK-Moderatoren: Manuela Laufer und Walter Schrotta

Besondere Vorteile: Die Mitarbeiter mit ihrer Kompetenz werden in die Lösungsfindung und Entscheidung einbezogen. Man weiß jetzt schon, dass die neue Struktur eine hohe Akzeptanz genießt. Bei eventuellen Anfangsschwierigkeiten in der Umsetzung gibt es wenig Anlass die grundsätzliche Entscheidung in Frage zu stellen.

Persönliche Entscheidungen

Angenommen, Sie sind ein begeisterter Italienfreund und fahren immer wieder dorthin in den Urlaub. In Ihrem Freundeskreis ist dies bekannt. So kommt es, dass Ihnen eines Tages ein Ferienhäuschen auf Elba zum Kauf angeboten wird - ein schönes, kleines Häuschen, direkt an einem kleinen, wenig frequentierten Strand. Der Preis ist nicht gerade niedrig, erscheint Ihnen aber mit Hilfe einer Bankfinanzierung erschwinglich. Einen Teil der Kosten können Sie schließlich dadurch erwirtschaften, dass Sie das Häuschen zeitweise an Freunde vermieten. Wie Sie Ihre Freunde kennen, sind einige davon mit Feuereifer dabei.

Je länger Sie darüber nachdenken, desto tiefer geraten Sie in einen Entscheidungskonflikt. Es gibt so viele Argumente für den Kauf; aber auch Zweifel wird in Ihnen laut. Die Gedanken drehen sich im Kreis, Sie kommen nicht so recht voran, und Sie können sich zu keiner Entscheidung durchringen.

Um die Gedanken zu sortieren, beginnen Sie eine Pro-und-Kontra-Liste.

Pro	Kontra
Preis ist günstig	Finanzielles Risiko
Einmalige Gelegenheit?	Formaler Aufwand
Keine Maklerkosten?	Weite Anreise
Macht Eindruck	Urlaub immer am gleichen Ort?
Von so einem Häuschen habe ich immer geträumt	...
...	

Dieses Vorhaben brechen Sie aber ab, da Sie merken, dass Sie dadurch auch nicht „entscheidend" weiterkommen. Wie sollen Sie die Punkte am Ende gewichten? Außerdem fallen Ihnen Variations-möglichkeiten ein. Es gibt nicht nur ein „Ja" und „Nein" zum Kauf, sondern zum Beispiel die Frage, wie stark Sie auf die Möglichkeit der Untervermietung setzen. Wollen Sie das Haus im Wesentlichen alleine für sich nutzen oder untervermieten, mit dem Effekt, dass Sie das Haus selbst nicht spontan nutzen können und Ortsansässige für Aufsicht und Reinigung benötigen?

> „Zwei Seelen wohnen, ach! in meiner Brust, die eine will sich von der andern trennen."
>
> Johann Wolfgang von Goethe

Sie merken, Entscheidungssituationen werden schnell komplex und Entscheidungsverfahren wie eine Pro-und-Kontra-Liste und die sehr mathematisch angehauchte Entscheidungsmatrix (siehe Lexikon) kommen zwar zu Ergebnissen, die irgendwie logisch erscheinen, „psycho-logisch" aber nicht befriedigen.

Dieser beschriebene innere Kampf der Motive ist nach Prof. Schulz von Thun ein menschliches Wesensmerkmal. Die Stimmen oder Persönlichkeitsanteile lassen sich wie echte Personen eines Teams auffassen. Er nennt es das „Innere Team". Dieses Team können Sie zu einem Meeting einberufen, um über Ihre inneren Konflikte zu beratschlagen.

Damit bietet sich die Möglichkeit, auch für persönliche Entscheidungen eine Konsensierung durchzuführen. Für Ihre Entscheidung mit dem Ferienhäuschen in Elba laden Sie ein:

Den „Bequemen" in Ihnen, der selbst noch überlegt, was wohl überwiegen wird. Einerseits bietet so ein Häuschen eine tolle, bequeme Möglichkeit, ohne Suche nach einer Unterkunft jederzeit nach Italien fahren zu können. Andererseits ist die Fahrt lang, man muss sich um Instandhaltung, Reinigung usw. kümmern. Diesen Aufwand darf man nicht unterschätzen.

Den „Italienfreund" in Ihnen, der einfach das Flair in Italien liebt, so oft wie möglich nach Italien und ans Meer will und schon immer von einem kleinen Häuschen geträumt hat. Es ist einfach herrlich, morgens eine Runde im Meer zu schwimmen oder auch abends auf der Terrasse den Sonnenuntergang zu genießen.

Den „Sicherheitsbeauftragten", dem natürlich die finanziellen Risiken gleich ins Auge fallen. Außerdem gibt er zu bedenken, dass man ja nie weiß, in welchem Zustand mögliche Mieter das Häuschen verlassen. Und das Risiko des Einbruchs und des Vandalismus sollten Sie beachten.

Der „Selbstdarsteller" in Ihnen fände so ein Häuschen schon sehr schick. Es macht bestimmt Eindruck, wenn Sie ein Ferienhäuschen auf Elba Ihr Eigen nennen können.

Der „Unternehmungslustige" findet es einfach spannend, herauszufinden, wie das funktioniert: Immobilienkauf in Italien, Umgang mit italienischen Behörden, Handwerkern usw. Andererseits fürchtet er, dass für andere Interessen zu wenig Zeit bleibt.

Im nächsten Schritt geht es darum, dass Sie sich möglichst gut in die einzelnen Teammitglieder hineinversetzen und die einzelnen Optionen aus deren Sicht bewerten. Sie vergegenwärtigen sich also zuerst die Position des „Bequemen" und fragen sich zu jedem Vorschlag: „Wie stark sind die Bedenken aus dieser speziellen Sicht zu diesem Vorschlag?".

Als Konsensierungs-Matrix könnte sich nach diesem Prozess beispielsweise ergeben:

	Frage: Ferienhaus kaufen	Beq	It	SB	SD	UL	Summe	Mittel
A	Ferienhaus kaufen - nur selbst nutzen	5	0	6	0	0	11	2,2
B	Ferienhaus kaufen und gelegentlich vermieten	6	2	7	2	3	20	4
C	Ferienhaus kaufen und häufig vermieten	8	6	8	4	5	31	6,2
D	Ferienhaus gemeinsam mit Freunden kaufen	4	5	5	6	5	25	5
E	Angebot ablehnen	2	5	0	6	6	19	3,8

Abbildung: Konsensieren mit dem Inneren Team

In diesem Fall favorisiert Ihr Team die Lösung „Ferienhäuschen mit ausschließlicher Eigennutzung". Dieses Votum geht nun an Ihr „Ich" als Führungskraft, das abschließend darüber befindet, ob es diese Entscheidung mittragen kann.

Soweit das Grundschema. Nicht allen Menschen fällt es auf Anhieb leicht, sich in ihre unterschiedlichen Persönlichkeitsanteile hineinzuversetzen. Mit etwas Übung gelingt dies aber immer schneller und leichter. Es kann auch helfen, wenn Sie unterschiedliche Stühle im Kreis aufstellen und jeweils die Position wechseln, wenn Sie sich in den nächsten Persönlichkeitsanteil hineinversetzen. Eine weitere Möglichkeit ist, dass Sie sich anfangs bzw. in schwierigeren Entscheidungssituationen von einem erfahrenen Coach begleiten lassen. Wenn es gelingt, auch ungeliebte Persönlichkeitsanteile zu integrieren, entfaltet die Methode therapeutische Wirkungen.

Auf unserer Internetseite finden Sie noch ein etwas komplexeres Konsensierungsbeispiel. Siegfried Schrotta beschreibt eine Person, die schon an der Grenze ihrer Kräfte arbeitet und noch eine zusätzliche, spannende Aufgabe angeboten bekommt. Link: www.smarterlife-verlag.de/d/smart-entscheiden

Zusammenfassung „Persönliche Entscheidung"

Fall: fiktiv

Zeitbedarf: ca. 30 Minuten

Hilfsmittel: Notizzettel

Besondere Vorteile: Mit Hilfe des Inneren Teams können Sie auch individuelle Entscheidungen konsensieren. Im Unterschied zu rein rationalen Entscheidungsmethoden, die in der Anwendung schnell komplex und kompliziert werden, nutzt das Konsensieren die Weisheit der Intuition.

Konsensieren als kreativer Prozess

Wenn Sie komplexe Fragestellungen mit Hilfe des Konsensierens bearbeiten, wird die Planung und Durchführung zu einer flexiblen Moderation, die Ähnlichkeiten zur klassischen Moderationsmethode aufweist.

Der Gesamtprozess des Systemischen Konsensierens lässt sich in folgende Schritte gliedern:

- **Problembeschreibung / Ausgangslage**: Es gibt eine Herausforderung bzw. eine Ausgangslage, oder auch Aufgabenstellung, die eine Entscheidung erforderlich macht oder machen könnte. Damit alle Beteiligten von den gleichen Voraussetzungen ausgehen, ist es sinnvoll, die Ausgangslage für alle nachvollziehbar zu formulieren.

- **Übergeordnete Fragestellung**: Die richtige Fragestellung zu formulieren ist eine der wichtigsten Voraussetzungen für erfolgreiches Konsensieren. Wenn Sie die Frage stellen „Wann und wo feiern wir unsere nächste Betriebsfeier?", erhalten Sie andere Vorschläge als wenn Sie fragen: „Wie wollen wir ein Teamevent gestalten, um den Zusammenhalt in der Firma zu stärken?". Die Frage sollte weit genug gefasst sein, um den Lösungsraum nicht unnötig einzuschränken. Anderseits sollte sie präzise genug sein, damit die Lösungen weiterhelfen und praktikabel sind. Hilfreich sind offene W-Fragen (was, wann, wo, wie?). Weitere Ausführungen, siehe „SK von A bis Z".

- **Informationsrunde**: In der Informationsrunde klären Sie wichtige Rahmenbedingungen wie Budget, rechtliche Rahmenbedingungen, Erfahrungen, die in diesem Kontext wichtig sind. Auch sollte die Gruppe wissen, ob sie selbst entscheiden kann oder ob die Ergebnisse ihrer Konsensierung eine Vorlage für eine übergeordnete Instanz sind. Wir nennen das „Kooperative Entscheidungsempfehlung (KEE)".

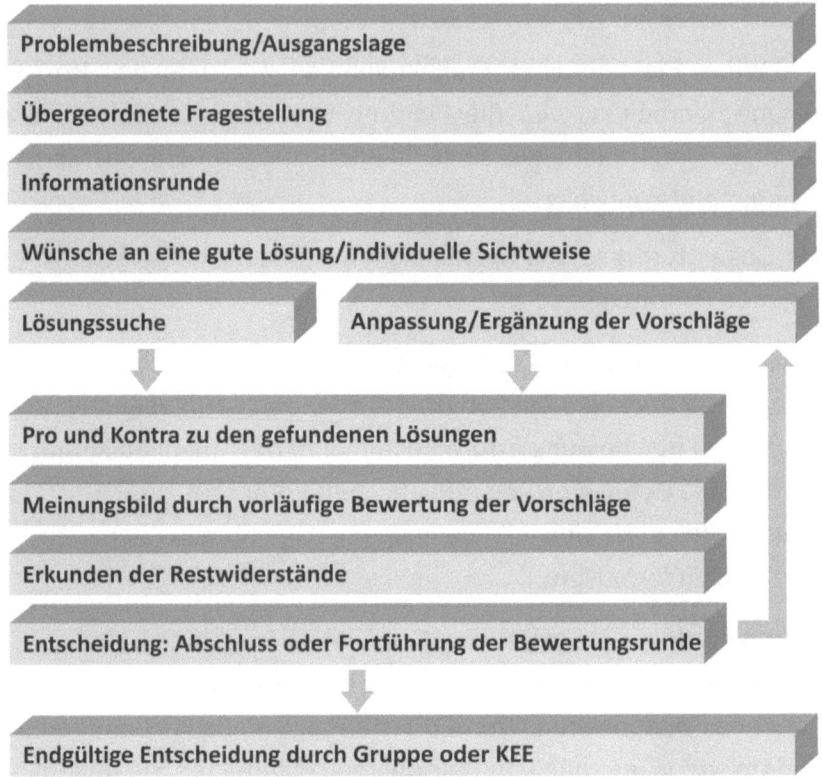

Abbildung: Konsensieren als kreativer Prozess (in Anlehnung an die Ausführungen von Paulus, Visotschnig und Schrotta, 2009 bis 2013)

- **Wünsche an eine gute Lösung / individuelle Sichtweisen:** Ein Wunsch an eine gute Lösung kann z.B. sein, dass auch die Interessen von Nicht-Anwesenden gewahrt werden oder, dass auf soziale und ökologische Gesichtspunkte Wert gelegt werden soll. Eine spezielle individuelle Sichtweise kann sein, dass beispielsweise bei der Erstellung eines Urlaubsplans auf Eltern mit Kindern besonders Rücksicht genommen werden sollte oder, dass bei Anschaffung von Gegenständen die Aspekte Reinigung, Pflege und spätere Entsorgung mit beachtet werden sollen. Wichtig in diesem Zusammenhang: Wünsche und individuelle Sichtweisen werden ausgesprochen und bei Unklarheit eventuell hinterfragt. Sie werden keinesfalls diskutiert. Jedes Mitglied hat ein Recht auf seine Wünsche und Sichtweisen!

- **Lösungssuche:** Für die Suche nach Lösungsvorschlägen gelten ähnliche Regeln wie für das Brainstorming. Es ist erlaubt und erwünscht, Vorschläge von anderen aufzugreifen und sie weiterzuentwickeln. Achten Sie darauf, dass keine Vorschläge vorschnell kritisch kommentiert werden. Hierfür ist im weiteren Prozess noch Raum, falls dies nötig sein sollte.

  Eine besondere Bedeutung kommt der Passivlösung zu. Oft ist es hilfreich, diese mit aufzunehmen (siehe auch „SK von A bis Z").

- **Vor- und Nachteile der gefundenen Vorschläge:** Diesen Punkt sollten Sie in der Praxis möglichst kurz fassen. Die einzelnen Mitglieder können sich jedoch äußern, wenn sie besondere Vorteile und Chancen bzw. Nachteile und Risiken einzelner Vorschläge nennen wollen.

- **Meinungsbild durch vorläufige Bewertung der Vorschläge:** Als Moderator eines SK-Prozesses sollten Sie der Gruppe vorschlagen, welche Form des Konsenierens Sie wählen, welche Medien Sie einsetzen und ob Anonymität gewahrt sein soll.

- **Erkunden der Restwiderstände:** Insbesondere bei den erstgereihten Lösungen sollten Sie die Restwiderstände, also die hohen Bewertungen ab 8, hinterfragen. Wie beim Beispiel „Gemeinsames Mittagessen" können diese Widerstände oft leicht aufgelöst werden oder sind Ausgangspunkt für neue, kreative Vorschläge. Manchmal zeigt sich auch, dass die Fragestellung oder ein Vorschlag nicht klar formuliert war.

- **Anpassen / Ergänzen der Vorschläge:** Durch das Erkunden der Restwiderstände ergeben sich oft noch neue Aspekte. Manchmal reicht es aus, einzelne Vorschläge geringfügig anzupassen. Manchmal sind die Änderungen so umfassend, dass es ratsam ist, eine neue Vorschlagsliste zu erstellen. In diesem Fall wird jeder Vorschlag auf die neue Liste übernommen, der mindestens einen Fürsprecher hat.

- **Entscheidung über Abschluss oder Fortführung der Bewertungs-runde:** Die Lösungssuche und Bewertung ist abgeschlossen, sobald eine befriedigende Lösung gefunden ist, bzw. sobald keine Optimierung durch ein Anpassen und Ergänzen der Vorschläge möglich erscheint.

- **Endgültige Entscheidung durch die Gruppe oder KEE:** Für die endgültige Entscheidung reicht es oft schon, das Ergebnis durch eine einfache Einwandfrage abzusichern: „Gibt es Einwände dagegen, dass wir den Vorschlag XY umsetzen?". Bei einer KEE lautet die Frage sinngemäß: „Spricht etwas dagegen, dass wir den Entscheidern die Lösung XY vorschlagen?".

  Gibt es eine formale Regel in den Vereinsstatuten oder in Verträgen, dass Entscheidungen per Mehrheitsbeschluss gefasst werden müssen, kann die formale, korrekte Abstimmung erfolgen: „Wer ist für Vorschlag XY?".

Wie Sie anhand der Ausführungen im Abschnitt „Wesentliche Elemente des SK" und in den Anwendungsbeispielen gesehen haben, ist es nicht immer erforderlich, alle Schritte des gesamten Prozesses explizit und in aller Ausführlichkeit durchzuführen. Oft ergeben sich die ersten Schritte bereits im Projektverlauf (siehe z.B. „Investitionsentscheidung") oder werden nur implizit oder flüchtig erledigt (siehe z.B. „Gemeinsames Essen"). In diesen Fällen steigt man schnell mit einer Auflistung der Lösungsalternativen bzw. der Lösungssuche ein. Sofern Sie eine gute, konsensfähige Lösung finden, ist dies durchaus in Ordnung. Nicht selten stellt sich aber heraus, dass es schwer ist, eine Lösung zu finden, da z.B. die übergeordnete Fragestellung nicht passt. Es ist also ratsam, gerade bei den ersten Gehversuchen mit dem Konsensieren, im Zweifel etwas mehr Sorgfalt walten zu lassen, bevor man mit der Lösungssuche beginnt.

Variationsmöglichkeiten

Im Folgenden gebe ich so komprimiert wie möglich eine Übersicht zu den unterschiedlichen Variationsmöglichkeiten des Konsensierens. Die Abbildung „Prozess-Intensität und Zeitbedarf" zeigt längst nicht alle Varianten des SK. Sie verdeutlicht aber das Spektrum von Varianten. SK können Sie sehr schnell und unkompliziert einsetzen. Und Sie können es je nach Komplexität und Konfliktträchtigkeit dosieren bis hin zu hochkomplexen Themen, die naturgemäß zeitintensiver sind.

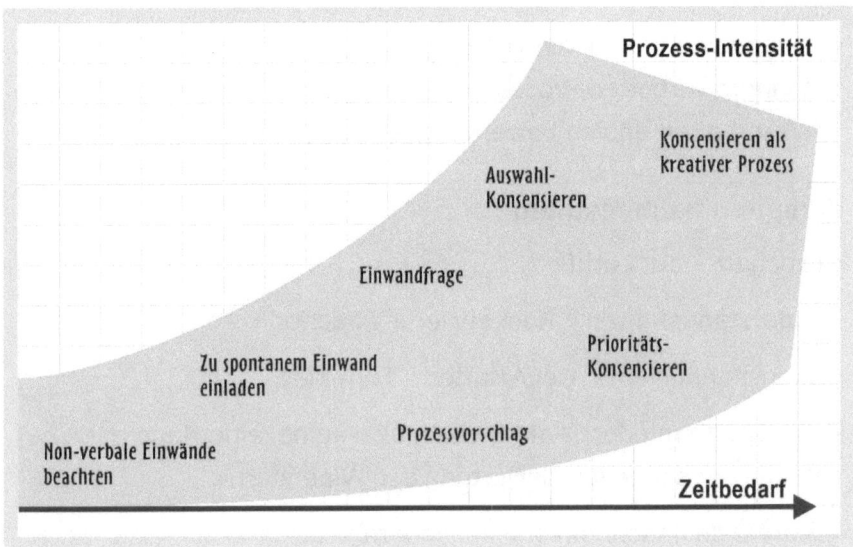

Abbildung: Prozess-Intensität und Zeitbedarf

SK im Alltag

Wie schon ausgeführt, erleichtert die SK-Haltung bereits die Alltagskommunikation (S. 28). Wenn wir auf non-verbale Einwände achten, merken wir schneller, wenn ein Gesprächspartner unserer Argumentation nicht folgt oder anderer Ansicht ist. Wenn wir zu spontanen Einwandäußerungen einladen, signalisieren wir, dass wir gesprächsbereit sind und im besten Sinne des Wortes mit unserem Gesprächspartner um ein gutes, einvernehmliches Ergebnis ringen wollen.

Einwandfrage, Auswahl oder Lösungssuche

- Einwandfrage oder manchmal auch Schnellkonsensieren
  Beispiel: „Ich schlage vor, wir öffnen kurz die Fenster, um zu
  lüften. Gibt es dagegen Einwände?" (Details siehe S. 86)

- Auswahlkonsensieren
  Die Lösungsalternativen sind vorgegeben. Es geht darum, die
  beste Lösung zu finden. Beispiele sind Auswahl eines Lieferanten
  oder Mitarbeiters oder Auswahl aus Vorschlägen von Experten
  bzw. Vorgesetzten (Details siehe S. 86).

- Konsensieren als kreativer Prozess
  In einem vertieften Prozess ist es möglich, gemeinsam Lösungen
  zu erarbeiten und zu bewerten (siehe S. 83 ff.).

Varianten nach Medium

- Flipchart – auf Zuruf

- Widerstandskarten / Konsensierungsfächer

- anonym mit Notizzettel / Karten / Formblatt

- Handgeste mit der Skala 0 bis 2, also keine, eine Hand oder 2
  Hände zur schnellen Bewertung des Widerstands

- Buh-Ringe (insb. bei Vorschulkindern)

- Per Excel-Tabelle und Mail

- Online-Tools und Apps

(Details zu „Tools und Hilfsmittel", siehe S. 98 ff.)

Varianten je nach Abstufung in der Skala

- 0 bis 10 (Standard)
  Und jede beliebige andere Abstufung wie beispielsweise:

- 0 bis 5 (z.B. mit den fünf Fingern einer Hand)

- 0 bis 2 (z.B. durch Handgeste)

Hinweis: Aktuell diskutieren wir im SK-Methodenbeirat, ob und in welchen Fällen auch eine Skala -10 bis +10 oder zwei separate Skalen -10 bis 0 und 0 bis +10 sinnvoll sind.

Weitere Varianten

- Anonym oder offen
  Die Frage, ob Anonymität gewahrt werden soll, klärt die jeweilige Gruppe. Besonders empfehlenswert ist dies bei Gruppen mit hierarchischem Gefälle oder bei Personenwahlen.

- Mit und ohne Passivlösung (Details, siehe S. 106 ff)

- Konsensentscheidung oder Kooperative Entscheidungs-empfehlung (Details, siehe S. 104 ff)

- Personenwahl (Details, siehe S. 91)

Charakteristikum der Methode

Fassen wir die wichtigsten Aspekte noch einmal zusammen:

Das Systemische Konsensieren ist eine Kombination aus Grundhaltung und strukturiertem Prozess. Ziel ist es, die tragfähigste Lösung für die Gruppe zu erarbeiten – die Lösung, die möglichst nahe an den Konsens herankommt. Dabei unterstützen sich Grundhaltung und strukturierter Prozess wechselseitig. Nicht nur die Vorschläge, die von einem Großteil der Gruppe favorisiert werden, werden diskutiert. Alle beschäftigen sich mit allen Vorschlägen und mit Bedenken und Widerständen von Minderheiten wird achtsam umgegangen. Im Idealfall werden sie genutzt, um gute Lösungen noch zu verbessern.

Durch die explizite Berücksichtigung von Widerständen und Konfliktpotenzialen im Prozess entwickelt sich eine Gruppendynamik, die systembedingt an den Konsens heranführt. Die Dynamik fördert einen positiven Wettstreit um rücksichtsvolle Lösungen (siehe auch „Gruppendynamik", ab S. 91). Wie weit jeder

Lösungsvorschlag vom Konsens entfernt ist, kann direkt am gemessenen Gruppenwiderstand abgelesen werden. Das jeweilige Konfliktpotenzial ist messbar.

Der Vorschlag, der den geringsten Gruppenwiderstand erhält, hat eine Reihe von Vorteilen: Er bedeutet für alle den größten Interessensausgleich, kommt dem Konsens am nächsten, verspricht die geringsten Reibungsverluste und Konflikte bei der Umsetzung. Er kann am zügigsten und nachhaltigsten verwirklicht werden (siehe auch: „Vorteile und Nutzen", S. 105).

Die Methode ist sehr flexibel. Sie können sie mit vielen Elementen aus anderen Methoden, wie beispielsweise der Moderationsmethode oder dem „Inneren Team", kombinieren. Sie können die Methode auch radikal auf eine einfache „Einwandfrage" reduzieren (Schema: „Ich schlage vor: ..., gibt es dagegen einen Einwand?"). **Das charakteristische Grundmotiv bleibt immer dasselbe, dass Sie sich nämlich aktiv für das Konfliktpotenzial interessieren und sich gegebenenfalls ernsthaft damit auseinandersetzen.**

Formal stellen Sie beim Konsensieren die Frage: „Gibt es zu dem Vorschlag Einwände – wenn ja wie schwerwiegend sind diese?". Das Gewicht der Einwände wird in der Grundvariante über eine Skala von 0 bis 10 abgebildet. Die formalen Details sind jedoch von untergeordneter Bedeutung – für den Lösungsprozess ist die Grundhaltung entscheidend: es geht nicht darum, die eigene Position durchzusetzen, dabei mögliche Bedenken anderer niederzubügeln und ggf. mittels Mehrheitsvotum zu siegen. Es gilt vielmehr, die beste Lösung für die Gruppe als Ganzes zu finden. Und da Sie selbst Mitglied der Gruppe sind, kommt Ihnen dies auch persönlich zugute. Ihr Engagement für das Gemeinwohl, für eine gute gemeinsame Lösung fällt also – im positiven Sinne – wieder auf Sie zurück.

Methodik von A bis Z

Die bisherigen Ausführungen sollten Ihnen einen Eindruck vermitteln, wie vielseitig Sie das Konsensieren einsetzen können. Ich empfehle, dass Sie zum Einstieg in das Konsensieren einfache, wenig emotionale Situationen wählen. Nach und nach können Sie sich dann an schwierigere „Fälle" heranwagen.

Möglicherweise werden Sie sich bei der Bearbeitung einer Fragestellung an eines der Anwendungsbeispiele erinnern, an dem Sie sich orientieren können. Falls aber spezielle methodische Hürden auftauchen, finden Sie in diesem Kapitel eine **systematische Zusammenstellung** aller wichtigen Aspekte rund um das Konsensieren. Gerade wenn Sie selbst eine Gruppe von Menschen zu kreativen Höchstleistungen führen wollen oder Konflikte lösen müssen, ist es hilfreich, etwas tiefer in die Feinheiten der Methode einzudringen.

Sie werden feststellen, je tiefer Sie in das Thema eintauchen, desto faszinierender werden Sie es finden. Wir SK-Experten entdecken auch nach Jahren intensiver Beschäftigung immer neue, faszinierende Facetten und praktische Einsatzmöglichkeiten. Konsensieren könnte Sie sogar so sehr in seinen Bann ziehen, dass Sie darin eine Berufung finden und sich zum SK-Moderator ausbilden lassen wollen. Steigen wir also in die Erfahrungen ein, die sich über die Jahre in der Praxis herauskristallisiert haben.

Die folgenden Abschnitte in alphabetischer Reihenfolge sind in erster Linie als möglichst **umfassendes Nachschlagewerk** gedacht.

Abstimmungs- und Bewertungsmethoden

Die Art der Abstimmung bzw. Bewertung hat einen erheblichen Einfluss auf das Ergebnis. Gehen wir davon aus, fünf Personen sollen sich auf einen Vorschlag einigen. Dies könnte die

Farbe für ein Firmenfahrzeug, die Farbe für ein Haus mit Eigentumswohnungen, eine Partei und vieles mehr sein.

Angenommen, für die fünf Personen stehen drei Vorschläge zur Auswahl. Die tatsächliche Präferenz in Prozent ausgedrückt ist in nachfolgender Tabelle dargestellt:

Vorschlag	P1	P2	P3	P4	P5
blau	0	0	93	93	93
gelb	80	80	4	4	4
grün	60	60	87	87	87

Die ersten beiden Personen bevorzugen gelb knapp gegenüber grün, die übrigen drei Personen bevorzugen blau knapp gegenüber grün.

Bei einer Mehrheitsentscheidung und der künstlichen Reduktion auf ein „Ja" für nur einen Vorschlag ergeben sich drei Befürworter für den Vorschlag „blau".

Vorschlag	P1	P2	P3	P4	P5	Befürworter	Rang
blau			ja	ja	ja	3	1
gelb	ja	ja				2	2
grün						0	3

Gelb hat nur zwei Befürworter und grün gar keinen. In der Rangfolge ergibt sich blau, gelb, grün.

Eine Mehrheitsentscheidung mit einer Abstimmung „Wer ist dafür?" und der Gegenprobe „Wer ist dagegen?" führt zu einem ähnlichen Bild, wenn sich jede Person jeweils nur für eine Lösung aussprechen darf.

Vorschlag	P1	P2	P3	P4	P5	Pro	Contra	Rang
blau	contra	contra	pro	pro	pro	3	2	1
gelb	pro	pro	contra	contra	contra	2	3	2
grün						0	0	3

Beim Konsensieren gibt es keine künstliche Reduktion. Jede Person bewertet jeden Vorschlag unabhängig von allen anderen

Vorschlägen. Damit kommen die tatsächliche Ablehnung und damit auch die Akzeptanz relativ unverfälscht zum Ausdruck:

Vorschlag	P1	P2	P3	P4	P5	Summe	Akzeptanz	Rang
blau	10	10	1	1	1	23	54%	2
gelb	2	2	10	10	10	34	32%	3
grün	4	4	1	1	1	11	78%	1

Vergleicht man die durchschnittlichen Prozentwerte der ersten Tabelle mit den Akzeptanzwerten der Konsensierungs-Matrix, ergeben sich rechnerisch nur leichte Verschiebungen (bei grün 78% im Vergleich zu 70,8% in der ersten Tabelle mit der Präferenz in Prozent).

Dieses Zahlenbeispiel zeigt deutlich: Unser durchaus übliches Vorgehen, dass wir unsere eigene Präferenz a) künstlich auf nur eine Wahlmöglichkeit reduzieren und b) eine Skala ja/nein, Kreuz/nicht Kreuz also 0 und 1 beschränken, kann zu erheblichen Verfälschungen im Ergebnis führen.

Akzeptanz-Mehrheit

Die Akzeptanz errechnet sich nach der Formel:

$$\text{Akzeptanz (in \%)} = \frac{\text{nicht verwendete W-Stimmen}}{\text{verfügbare W-Stimmen}} * 100$$

W-Stimmen = Widerstandsstimmen

Liegt die errechnete Akzeptanz über 50% sprechen wir von „Akzeptanz-Mehrheit".

Beispiel: 20 Personen sind an einer Konsensierung mit einer Skala von 0 bis 10 beteiligt.

Verfügbare W-Stimmen = 20 * 10 = 200

Ein Vorschlag mit einem Gruppenwiderstand kleiner als 100, hat in diesem Fall eine Akzeptanz-Mehrheit (nähere Hintergründe siehe Kennwerte).

Auswahlkonsensieren

Beim Auswahlkonsensieren ermittelt die Gruppe aus mehreren vorgegebenen Vorschlägen eine Reihenfolge. Die ersten Schritte im Konsensierungsprozess werden hierbei im Grunde übersprungen. Man erläutert gegebenenfalls die Fragestellung und beginnt mit einer Auflistung der Lösungsvorschläge.

Die Vorteile gegenüber anderen Methoden sind: eine Blockade ist nicht möglich. Die Vergabe von extremen Werten (0 für die eigene Lieblingslösung und 10 für alle anderen) entspricht einer Alles-oder-Nichts-Strategie, die in der Regel nicht zum Erfolg führt.

Einwandfrage

Die Anwendung der Einwandfrage ist eine der schnellsten Arten des Konsensierens, daher auch „Schnellkonsensieren" genannt.

Sie unterbreiten einen Vorschlag und fragen, ob es dagegen Einwände gibt: Beispielsweise können Sie fragen: „Ich schlage vor, wir öffnen kurz die Fenster, um zu lüften. Gibt es Einwände?"

In der Regel dient die Einwandfrage dazu, einen Vorschlag oder einen Beschluss abzusichern. In den meisten Fällen werden daher keine Einwände geäußert werden. Dennoch ist es wichtig, die Frage ernsthaft und nicht nur als rein rhetorische Frage zu stellen.

Sollte es Einwände geben, müssen diese natürlich aufgegriffen und eine angemessene Lösungssuche – ggf. mit Konsensieren – begonnen werden.

Gibt es keine Einwände, haben Sie den Vorteil einer höheren Verbindlichkeit als bei einer Frage: „Wer ist dafür?". Wenn Sie die Zustimmung abfragen, melden sich häufig schnell einige Personen. Es wird dann immer schwerer für die verbleibenden Personen, Einwände oder Bedenken anzumelden. Umgekehrt ist es zu einem späteren Zeitpunkt relativ leicht zu sagen: „Ich war damals nicht dafür, aber ich war in der Minderheit". Mit der gezielten Frage nach den Einwänden können Sie dem vorbeugen.

Einwandskala

In den Beispielen hier im Buch habe ich nahezu durchgängig die Skala 0 bis 10 verwendet. Diese hat sich in vielen Situationen bewährt. Sie differenziert ausreichend und es lässt sich gut mit ihr rechnen.

Es gibt Situationen, in denen eine andere Einwand-Skala praktikabler erscheint – etwa 0 bis 2 per Handgeste in größeren Gruppen oder zur schnellen Bewertung einer großen Anzahl von Vorschlägen, 0 bis 3 bei der Verwendung von Buh-Ringen oder 0 bis 5 mit den Fingern einer Hand (siehe auch oben unter „Variationsmöglichkeiten"). Je nach Skala variiert die Trennschärfe; die Grunddynamik des Konsensierens bleibt aber erhalten.

Entwicklung und Historie

Die beiden Entwickler, Siegried Schrotta (* 1934) und Dr. Erich Visotschnig (* 1939) leben in Graz, Österreich. Sie haben ursprünglich eine technische Ausbildung absolviert. Siegfried Schrotta ist Elektroingenieur, Erich Visotschnig hat in theoretischer Physik promoviert. Beide waren in einem multinationalen Konzern mit hierarchischen Machtstrukturen als Systemanalytiker beschäftigt und hatten unabhängig voneinander Schlüsselerlebnisse, die sie skeptisch werden ließen gegenüber den gängigen Machtstrukturen.

1979 lernten sie sich kennen und begannen gemeinsam eine intensive Entwicklungsarbeit zur Verwirklichung des „machtfreien Verständigungsraumes". Erich Visotschnig erkannte in einer privaten Elterninitiative, dass das verwendete Entscheidungsverfahren die Ursache für häufige Konflikte war. Dies führte zur Idee, **als Entscheidungsgröße nicht die Zustimmung zu maximieren, sondern die Ablehnung zu minimieren.**

2005, 2009 und 2011 erschienen erste Bücher zum Systemischen Konsensieren bzw. zum SK-Prinzip®.

2008 gründeten Siegfried Schrotta und Erich Visotschnig das Institut ISYKONSENS International.

2010 gründete Georg Paulus das Institut für Systemisches Konsensieren (IsyKonsens) in Deutschland. 2011 stießen Christiane Wittig und Josef Maiwald als weitere Vorstandsmitglieder dazu, seit 2013 verstärkt Wichard von Klitzing das Kernteam.

2011 wurde außerdem in Graz das Online-Tool in einer ersten Version veröffentlicht. Dieses wird seither ständig weiterentwickelt und von einer steigenden Anzahl von Nutzern eingesetzt.

2014 wurde Online-Konsensieren mit dem österreichischen Wirtschaftspreis „eAward" in der Kategorie „Arbeit und Organisation" ausgezeichnet.

IsyKonsens hat sich zur Aufgabe gemacht, das Thema Konsensieren weiter zu erforschen und die praktischen Lösungsansätze weiter zu optimieren.

Auf der Internetseite www.sk-prinzip.eu finden Sie weitere Informationen von „ISYKONSENS International". Die Seiten für Deutschland finden Sie unter www.isykonsens.de.

Gruppendynamik

Systemisches Konsensieren führt systembedingt in Richtung Konsens – so weit die Behauptung. Warum ist das so? Mein Tipp: Probieren Sie es einige Male aus, dann werden Sie es erleben.

Dennoch möchte ich einige Argumente anführen, warum traditionelle Abstimmungen zum Dissens führen, dagegen das Konsensieren zur Näherung an den Konsens.

Effekte bei der Mehrheitsabstimmung:

- Die Gruppenmitglieder schalten gedanklich ab, sobald sie einen Entschluss gefasst haben.

- Jeder entfaltet den Ehrgeiz, dass er sich mit seinem Vorschlag durchsetzen, dass er siegen will.

- Anstatt inhaltlich zu argumentieren, trifft man Absprachen und schmiedet Koalitionen („stimmst Du für meinen Vorschlag, stimme ich beim nächsten Thema für Deinen Vorschlag").

- Gehört man zur Minderheit, ist man formal überstimmt und muss sich fügen, egal wie schwerwiegend die Bedenken sind.

Effekte beim Konsensieren:

- Jeder bewertet jeden Vorschlag. Das heißt, jeder sollte sich also auch ernsthaft mit jedem Vorschlag auseinandersetzen.

- Durch die Messung des Gruppenwiderstandes wird das Augenmerk auf **ein möglichst gutes Ergebnis für die ganze Gruppe** gelenkt und nicht nur für eine Teilgruppe. Ein Ergebnis, das im Idealfall jeder gut mittragen kann. Es kommt dadurch zur Verhaltensumkehr. Statt der Frage „Wie kann ich mich durchsetzen?" hat Erfolg, wer an alle denkt und sich die Frage stellt: „Wie kann ich die Bedürfnisse der anderen in meinen Vorschlag einbinden?".

- Bedenken von Einzelnen werden nicht unterdrückt, sondern ausdrücklich berücksichtigt.

- Konfliktpotenziale und Akzeptanz sind transparent. Ein Ergebnis, das nicht den eigenen Vorstellungen entspricht, ist leichter mitzutragen, wenn der eigene Vorschlag immerhin inhaltlich gewürdigt wurde, auch wenn er dann nicht die nötige Akzeptanz gefunden hat.

Hilfsmittel und Tools

Sie benötigen nicht unbedingt spezielle Hilfsmittel oder gar Tools zum Konsensieren. SK in der Alltagskommunikation, das Achten auf non-verbale Einwände und Einwandfrage kommen grundsätzlich ohne Hilfsmittel aus. Je größer die Gruppe, desto hilfreicher ist jedoch eine Visualisierung.

Buh-Ringe zum Konsensieren im Vorschulalter

Abbildung: Holzgestell mit Buh-Ringen

Sie müssen damit rechnen, dass die Kinder versuchen, ihren Finger in den Ring zu stecken, Das Loch muss also groß genug sein, damit der Ring wieder abgeht. Ein Anwendungsbeispiel finden Sie auf Seite 64.

Flipchart oder Moderationstafel

Ab einer Gruppengröße von etwa fünf Personen ist eine für alle gut einsehbare Visualisierung hilfreich. Geeignet sind Flipchart, Moderationstafel, Whiteboard oder Korkwände.

Flipcharts gibt es auch als transportable Lösung, siehe u.a. www.faltbares-flipchart.de

Excel-Liste

Schon im Anwendungsbeispiel der Investitionsentscheidung haben wir eine Excel-Tabelle verwendet, um die Lösungen aufzulisten und die Bewertungen einzutragen.

	Mögliche Lösungen
A	Alles aus einer Hand von Anbieter A
B	Software von Anbieter A, Hardware von Anbieter B
C	Derzeitige Lösung + Update + Windows
D	Cloudlösung der Firma C
E	Derzeitige EDV-Lösung + Optimierung der Abläufe ausschließlich mit Checklisten

Abbildung: Konsensieren mit Excel-Liste.

Tipps:

- Die erste Zeile und Spalte lassen wir aus Gründen der Übersichtlichkeit frei. Wenn Sie im Umgang mit Excel versiert sind, dann können Sie über Ansicht / Überschriften auch die Zellenkennzeichnungen ausblenden.

- Die Vorschläge kennzeichnen wir mit Buchstaben A, B, C usw. Wenn Sie Zahlen verwenden, gibt es leicht Verwirrungen mit der Zeilenkennzeichnung oder auch mit den Widerstandswerten.

- Die Summenspalte sollten Sie deutlich hervorheben.

- Rechts neben der Summenspalte können Sie weitere Spalten einfügen und Kennwerte wie den normierten Widerstand, die Akzeptanz und den Rang per Formel berechnen lassen.

- Eine Vorlage, die Sie an Ihre Bedürfnisse anpassen können, finden Sie unter www.smarterlife-verlag.de/d/smart-entscheiden

Konsensierungsfächer

Abbildung: Konsensierungsfächer

Die Konsensierungsfächer oder auch „Bewertungsfächer" haben sich gut bewährt in Gruppen bis zu 100 Personen.

Wichtig in der Anwendung ist, dass die Teilnehmer zu jedem Vorschlag die Werte erst einstellen und anschließend gleichzeitig dem SK-Moderator zeigen. Dieser addiert die einzelnen Widerstände im Kopf und notiert die Summe beispielsweise auf einem Flipchart.

Fächer können Sie bei Bedarf bestellen unter www.smarterlife-verlag.de

Notizzettel

Sehr praktisch und nahezu immer verfügbar sind Notizzettel 10 x 10 Zentimeter in Zettelboxen oder in Quadern 10 x 10 x 10 Zentimeter. Alternativ können Sie auch Haftzettel, Moderationskarten oder jedes andere Papier verwenden.

In der Handhabung für das Konsensieren empfiehlt es sich, die Lösungen – wenn nicht ohnehin auf Flipchart oder als Beamerprojektion verfügbar – auf einen Zettel zu schreiben. Dieser sollte für alle einsehbar sein. Jeder Teilnehmer schreibt auf seinen Zettel die Buchstaben A, B, C usw. und hinter die Buchstaben seine persönliche Wertung. Sofern die Wertung nicht anonym erfolgen soll, schreibt er noch seinen Namen auf den Zettel (siehe ggf. auch Beispiel: Investitionsentscheidung).

Online-Tools

Das in der Basisvariante kostenlose Online-Tool von IsyKonsens International OG unterstützt den Gesamtprozess der Konsensierung. Als Initiator einer Konsensierung können Sie andere Teilnehmer einladen, die dann einen direkten Link zugeschickt bekommen, unter dem sie sich an der Konsensierung beteiligen können.

Eine Registrierung ist möglich aber nicht erforderlich. Der Vorteil der Registrierung liegt darin, dass Sie über eine Liste auf alle Ihre Konsensierungen zugreifen können.

Die Anwendungsbereiche sind sehr vielseitig. Sie können das Tool nutzen, um einen geeigneten gemeinsamen Termin zu finden wie im Praxisbeispiel oben. Das Tool unterstützt aber auch kreative Prozesse, die Sie in Phasen aufteilen können, indem Sie Termine festlegen, bis wann Vorschläge eingebracht und kommentiert werden können und in welchem Zeitraum die Bewertung stattfinden soll. Als Moderator können Sie wählen, ob die Teilnehmer während der Bewertung das Zwischenergebnis sehen können oder nicht. Darüber gibt es viele weitere Möglichkeiten, die auch immer weiter verfeinert werden.

Online-Konsensieren wurde von Fachleuten als so hilfreich beurteilt, dass es 2014 mit dem österreichischen Wirtschaftspreis „eAward" in der Kategorie „Arbeit und Organisation" ausgezeichnet wurde.

Inzwischen gibt es neuere Versionen des Programms und auch Tools von anderen Anbietern. Eine aktuelle Übersicht finden Sie unter www.smarterlilfe-verlag.de/d/smart-entscheiden

Kennwerte des Konsensierens

Gruppenwiderstand

Erinnern wir uns an die Familie, die über ihr Essen abgestimmt hatte.

	Mittagessen	Mutter	Vater	Lena	Daniel	Summe
A	Gemüse-Bratlinge	0	0	7	10	17
B	Linsen mit Speck	6	0	8	5	19
C	Fitness-Teller	4	8	0	2	14
D	Spaghetti	7	5	4	0	16

Abbildung: Konsensierung – 2. Durchlauf

Die Summe der Einzelwiderstände oder Widerstands-Stimmen (W-Stimmen) nennen wir Gruppenwiderstand. Der Vorschlag mit dem geringsten Gruppenwiderstand kommt dem Konsens am nächsten und gilt als „konsensiert".

Normierter Widerstand

Ist die Entscheidung im Beispiel oben für den Fitness-Teller eine gute Entscheidung? Als wie kritisch ist der Gruppenwiderstand von 14 einzustufen?

Hier hilft der normierte bzw. durchschnittliche Widerstand weiter.

Normierter Widerstand =	$\dfrac{\text{Summe der W-Stimmen}}{\text{Zahl der gültigen Bewertungen}}$

W-Stimmen = Widerstandsstimmen
In unserem Beispiel: 14 : 4 = 3,5 (in der Skala von 0 bis 10).

Dies ist für ein Essen nicht besonders gut. Aber der Vater war ja mit dem Entgegenkommen, dass man ihm eine extra Portion Putenfleisch zugesteht mit seinem Widerstand auf 4 heruntergegangen. Damit liegt der normierte Widerstand bei 2,5 in der Skala von 0 bis 10. Das klingt dann schon eher nach einer schmackhaften Mahlzeit für alle.

Konfliktpotenzial und Akzeptanz

Das Konfliktpotenzial eines Vorschlags entspricht den verwendeten W-Stimmen. Wir berechnen es in % der verfügbaren W-Stimmen.

Konfliktpotenzial (in %) = Gruppenwiderstand : verfügbare W-Stimmen * 100
In unserem Beispiel:
Verfügbare W-Stimmen = 4 * 10 = 40
Konfliktpotenzial = 14 : 40 * 100 = 35%

Bei der Verwendung anderer Einwandskalen ist die Berechnung des Gruppenwiderstandes ebenso möglich. Angenommen, Sie verwenden eine Skala von 0 bis 6 und bei 7 Teilnehmern ergibt sich ein Gruppenwiderstand von 5. Das Konfliktpotenzial errechnet sich wie folgt:

Verfügbare W-Stimmen = 7 * 6 = 42
Konfliktpotenzial = 5 : 42 * 100 = 11,9%

Die Akzeptanz eines Vorschlages ist das Gegenstück zum Konfliktpotenzial. Es entspricht den nicht verwendeten W-Stimmen und wir berechnen es ebenfalls in % der verfügbaren W-Stimmen.

Akzeptanz (in %) = 100% - Konfliktpotenzial (in %)

$$\text{Akzeptanz (in \%)} = \frac{\text{nicht verwendete W-Stimmen}}{\text{verfügbare W-Stimmen}} * 100$$

In unserem Beispiel: 26 : 40 * 100 = 65%

Ist die Akzeptanz größer als 50%, sprechen wir von einer Akzeptanz-Mehrheit. Die Umrechnung in Prozentwerte hat den Vorteil, dass Konfliktpotenzial und Akzeptanz – unabhängig von der verwendeten Einwandskala – in ihrer Höhe gut eingeschätzt und mit anderen Gruppen verglichen werden können.

Grenze der Zumutbarkeit

Bei der Frage, wann eine Entscheidung in einer Gruppe tragfähig ist, ohne in Frage gestellt oder sogar bekämpft zu werden, spielt die Passivlösung eine entscheidende Rolle.

• Jede Lösung, die schlechter gereiht ist als die Passivlösung, ist nicht akzeptabel.

• Jede Lösung, die besser ist als die Passivlösung, bedeutet eine Verbesserung - auch dann, wenn sie nicht jeden wunschlos bzw. widerstandslos glücklich machen kann.

Kooperative Entscheidungsempfehlung (KEE)

Hat die Gruppe nicht die formale Entscheidungskompetenz, wird die Konsensierung als Kooperative Entscheidungsempfehlung durchgeführt. In diesem Fall gehen die Ergebnisse als Vorschlag an die übergeordnete Instanz – z.B. an den Vorgesetzten oder an ein Entscheidungsgremium.

Die besonderen Vorteile der KEE sind:

• Der verantwortliche Vorgesetzte oder das Entscheidungsgremium behält die volle Entscheidungsgewalt.

- Die Kreativität und Kompetenz der Mitarbeiter / Bürger wird genutzt, um gute Lösungen zu erarbeiten.

- Die Mitarbeiter / Bürger helfen durch ihre Vorarbeit die Entscheidungslast zu tragen.

- Das Risiko von Fehlentscheidungen wird gesenkt.

- Die Akzeptanz von Entscheidungen ist schon vorher bekannt und berechenbar (siehe Kennwerte). Außerdem wird sie in der Regel höher sein als bei Entscheidungen „von oben".

- Motivation und Identifikation der Mitarbeiter / Bürger steigen.

Meinungsbild

In den Praxisbeispielen habe ich immer wieder betont, dass sich durch das Aufaddieren der einzelnen Widerstände zum Gruppenwiderstand erst einmal ein Meinungsbild ergibt.

Dies ist psychologisch wichtig. Es wäre ungut, wenn die Gruppenmitglieder aufgefordert würden, ihre Wertungen zu nennen oder irgendwo einzutragen, um sich dann einem rechnerisch ermittelten Ergebnis auszuliefern.

Durch die Ankündigung, dass es im ersten Schritt erst einmal darum geht, das aktuelle Meinungsbild zu erfassen oder eine „Trendkonsensierung" durchzuführen, können Sie relativ schnell zur Bewertung der Vorschläge kommen.

In anderen Situationen, bei denen per Mehrheitsentscheidung abgestimmt wurde, habe ich oft genug erlebt, dass man lange diskutiert hat, weil einzelne Teilnehmer noch regelrecht Angst hatten, zur Abstimmung überzugehen. Denn schließlich konnte man sich nicht sicher sein, ob schon genügend viele Personen für die Lösung stimmen würden, die man selbst bevorzugt.

Diesen unnötigen Druck gibt es beim Konsensieren nicht – zumindest dann, wenn die Gruppe überschaubar ist und ein direkter Austausch möglich ist.

Auf eine methodische Besonderheit möchte ich an dieser Stelle noch eingehen. Wie gehen Sie damit um, wenn sich bei einer schriftlichen Bewertung herausstellt, dass einzelne Teilnehmer nicht alle Alternativen bewertet haben?

In diesem Fall, macht es wenig Sinn die Gruppenwiderstände zu vergleichen. Hier ist es wichtig, dass Sie den normierten Widerstand ausrechnen:

$$\text{Normierter Widerstand} = \frac{\text{Summe der W-Stimmen}}{\text{Zahl der gültigen Bewertungen}}$$

W-Stimmen = Widerstandsstimmen

In Excel verwenden Sie am besten die Mittelwertfunktion: z.B. Mittelwert(C2:H2).

Passivlösung und provokante Vorschläge

Bei jeder Entscheidung gibt es auch immer die Möglichkeit, sich zu vertagen, keine Entscheidung zu treffen und die Dinge so weiterlaufen zu lassen, wie sie sind. Diese Möglichkeit können Sie beim Konsensieren explizit als „Passivlösung" einbringen. Oft scheiden Lösungen, die schlechter sind als die Passivlösung aus dem weiteren Diskussions- und Lösungsprozess aus. Denn schließlich will ja jeder durch eine Entscheidung eine Besserung herbeiführen. Wir sprechen daher auch von der „Grenze der Zumutbarkeit".

Im Beispiel „Planung eines Teamevents" haben wir die Passivlösung eingeführt.

Betriebsausflug	Summe	nWist	Akzeptanz
Oktoberfest	160	3,20	68
Bergwanderung	165	3,30	67
kein Ausflug ("Null-Lösung")	205	4,10	59
Opernbesuch	245	4,90	51

Abbildung: Ideen für Betriebsausflug für 50 Mitarbeiter

Theoretisch lassen sich mehrere Arten von Passivlösungen unterscheiden:

- **Beibehaltung einer Vereinbarung oder eines gegebenen Zustands:** Wenn Sie bereits ein Auto besitzen, in einem Arbeitsverhältnis stehen, eine Vereinbarung für das Wochenende getroffen haben, bedeutet die Passivlösung „es bleibt alles wie es ist".

- **Undefinierter Zustand:** Bei Fragestellungen der Art „Wie feiern wir einen runden Geburtstag?", „Wie gestalten wir den Garten?", „Wie verbessern wir den Zusammenhalt im Team?" oder „Wie verbessern wir das Image unserer Firma?" gibt es noch keine Vorgabe und keinen festgeschriebenen, definierten Zustand, auf den man sich beziehen könnte. Hier bedeutet die Passivlösung: „Wir treffen keine Entscheidung zu einer gemeinsamen Aktivität" (und lassen den Dingen ihren Lauf bzw. überlassen anderen die Verantwortung).

- **Vertagung:** Auf Prozessebene kann es noch die Variante geben „Wir entscheiden heute nicht". Dies kann sinnvoll sein, wenn die Informationslage zu unklar ist. In diesem Fall wäre allerdings die Entscheidung wichtig, wann man sich wieder zusammensetzt und wer in der Zwischenzeit Informationen einholt oder den Fortgang der Dinge beobachtet usw.

Die Passivlösung ist also nicht in jedem Fall eindeutig. Es ist daher sinnvoll, im Prozess daran zu denken, dass die Passivlösung eine sinnvolle Option sein kann. Schreiben Sie jedoch nicht einfach nur

„Passivlösung" in die Vorschlagsliste. Vermerken Sie lieber „es bleibt wie es ist", „wir planen keine gemeinsame Aktivität", „wir entscheiden heute nicht" oder eine andere inhaltliche Aussage, damit die Beteiligten wissen, was damit gemeint ist.

Provokante und ausgefallene Vorschläge können hilfreich sein, um den Rahmen klar abzustecken. Im Beispiel der Investitionsentscheidung war zu erwarten, dass die Wahl nicht auf die Cloudlösung fallen würde. Dennoch war es sehr aufschlussreich, diese Lösungsvariante mit zu bewerten. Ähnlich könnte eine Fußballmannschaft, die nach Lösungswegen aus der Krise sucht, die Lösung konsensieren „Wir entlassen den Trainer". Das wäre dann vom Effekt so, wie die Vertrauensfrage im Bundestag. Es gibt entweder ein Ergebnis, bei dem die geringe Akzeptanz des Trainers transparent wird oder ein Ergebnis, das ihm den Rücken stärkt.

Pattsituation

Auch wenn es in der Praxis recht unwahrscheinlich ist, kann es theoretisch sein, dass es zwei Lösungen gibt, die im Meinungsbild rechnerisch auf Rang 1 liegen.

In diesem Fall ist ein möglicher Ansatz, einen der Vorschläge durch Anpassung oder Ergänzung noch attraktiver zu machen.

Nehmen wir an, das wäre bei unserem Essens-Beispiel nicht möglich und die Konsensierung würde Folgendes ergeben:

	Mittagessen	Mutter	Vater	Lena	Daniel	Summe
A	Linsen mit Speck	6	0	8	5	19
B	Gemüse-Bratlinge	0	0	7	10	17
C	Fitness-Teller mit Putenstreifen	4	4	0	2	10
D	Spaghetti	7	5	4	0	16
E	Putenschnitzel mit Salat	3	4	1	2	10

Der Fitness-Teller und das Putenschnitzel haben den gleichen Gruppenwiderstand. Der höchste vergebene Wert ist jeweils 4. Allerdings gibt es diesen Wert beim Fitness-Teller häufiger. Aus formaler Sicht schneidet das Putenschnitzel daher geringfügig besser ab, da die Werte zwischen den Teilnehmern weniger schwanken.

Für identische Gruppenwiderstände können Sie schrittweise folgende Kriterien überprüfen. Sie beenden die Überprüfung, sobald Sie in einem Kriterium einen Unterschied finden:

- Welche Lösung hat den kleineren Maximalwert?

- Bei welcher Lösung kommt der identische Maximalwert seltener vor?

- Welche Lösung hat einen kleineren zweithöchsten Wert?

- Bei welcher Lösung kommt dieser identische zweithöchste Wert seltener vor?

- usw.

Sollten die Werte wirklich absolut gleich verteilt sein, liefert die Konsensierungs-Matrix keinen weiteren Anhaltspunkt mehr, welche Lösung umgesetzt werden soll. In diesem Fall kann die Gruppe entscheiden, welches zusätzliche Kriterium den Ausschlag für einen der beiden erstgereihten Vorschläge gibt. In unserem Beispiel könnte dies sein: Derjenige, der kocht, darf entscheiden oder derjenige, der bereit ist zum Abspülen, oder, oder. Im Normalfall wird jemand in der Gruppe die Initiative ergreifen, einen Vorschlag unterbreiten und diesen per Einwandfrage absichern. Es ist aber auch möglich, per Abstimmung festzustellen, welcher der erstgereihten Vorschläge die größere Zustimmung hat.

Personenwahl

Die Fragestellung, wer ein bestimmtes Amt oder eine bestimmte Aufgabe übernehmen soll, können Sie nahezu genauso angehen wie jede andere Fragestellung.

Um unnötige Kränkungen zu vermeiden, sollten Sie in der Ergebnisdarstellung zwei Dinge beachten:

- Veröffentlichen Sie nur die ersten Plätze der Konsensierung.

- Stellen Sie mehr die Akzeptanzwerte heraus und lassen Sie ggf. die Gruppenwiderstände weg.

Schnell-Konsensieren

Erläuterungen hierzu finden Sie unter dem Punkt „Einwandfrage".

SK-Moderation

Die Initiative für eine Konsensierung kann jedes Gruppenmitglied ergreifen, das eine Entscheidung herbeiführen will. Es ist hilfreich, wenn eine Person den Ablauf steuert. Diese Person nennen wir SK-Moderator (lateinisch moderare = mäßigen, steuern, lenken).

Die Grundhaltung des SK-Moderators entspricht in etwa der Haltung des Moderators bei der klassischen Moderationsmethode. Er ist Prozessbegleiter und -beschleuniger und mischt sich inhaltlich nicht ein. Gerne wird die Rolle auch mit der einer Hebamme verglichen. Diese hilft, das Kind gut auf die Welt zu bringen. Ob es ein Junge oder ein Mädchen ist, ob es dunkle oder helle Haare hat usw., dafür ist sie nicht verantwortlich – das ist Sache der Eltern.

Gerade in einfacheren Fällen werden Sie in einer Doppelrolle agieren – einerseits in Ihrer normalen Rolle im Team, andererseits als SK-Moderator. Für komplexere Fälle ist es hilfreich, wenn Sie einen externen Moderator beauftragen, der sich voll auf diese Aufgabe konzentrieren kann und entsprechende Erfahrung mitbringt.

Im Anhang unter „Weitere Unterstützung" finden Sie weitere Informationen, wo Sie externe SK-Moderatoren finden bzw. wie Sie sich selbst ausbilden lassen können.

Systemisch

Systemische Ansätze zeichnen sich dadurch aus, dass man sich nicht nur auf Personen (z.B. auf einen Patienten, Problemträger, Täter) konzentriert, sondern ein ganzes System (z.B. die Familie, eine Gruppe, eine Organisation, die Gesellschaft) mit seinen Interaktionen und Wechselwirkungen betrachtet.

Der Begriff ist abgeleitet vom griechischen Sýstema und bedeutet ein aus mehreren Teilen zusammengesetztes und gegliedertes Ganzes. Das Systemverhalten wird bestimmt durch die Eigenschaften der Teile oder Elemente sowie deren Wechselwirkung.

Systemisches Verhalten können Sie beispielsweise beobachten, wenn Sie eine Eintrittskarte zu einer Veranstaltung kaufen mit dem Vermerk „freie Platzwahl" o.ä. Vor dem Einlass erleben Sie mit großer Wahrscheinlichkeit ein Gedränge, weil sich jeder eine gute Ausgangsposition im „Kampf" um die besten Plätze sichern will. Wenn Sie sich über das Gedränge ärgern, wäre es falsch, die „Schuld" nur auf einzelne Personen zu schieben. Verantwortlich für das Verhalten ist eine Kombination aus persönlichem Ehrgeiz der beteiligten Personen und der Art der vorgegebenen Systembedingungen. Werden nämlich Karten mit Platznummern verkauft, gibt es kein Gedränge.

Im Prinzip ähnlich, aber komplexer ist es mit allen anderen Systemen die wir kennen: Rechtssystem, Gesundheitssystem, Wirtschaftssystem usw. Wenn wir in vielen Bereichen kritisieren, dass die Auswüchse immer extremer und die Regelungen immer komplexer werden, ist dies im Grunde ein untrüglicher Hinweis auf Konstruktionsfehler im System. Alle natürlichen Systeme balancieren sich aus und funktionieren in Kreisläufen. Diese haben Jahrmillionen funktioniert. Nur die von uns Menschen gemachten Systeme gehen von der unrealistischen Annahme permanenten Wachstums aus - z.B. unser Rentensystem von Bevölkerungswachstum und unser Wirtschaftssystem von Wirtschaftswachstum. Auf diese Art sind Krisen und Zusammenbrüche vorprogrammiert.

Die Ursache, warum politische Diskussionen oft so konträr und wenig zielführend laufen, liegt nicht nur an den beteiligten Charakteren. Systembedingt ist es momentan erforderlich, die eigene Position zu stärken und die des „Gegners" zu schwächen. Konkurrenz belebt zwar bekanntlich das Geschäft, führt aber mittlerweile mehr und mehr zu einem kurzfristigen und kurz-sichtigen Übervorteilen von anderen. Mittel- und langfristig sitzen wir mit vielen in einem „Boot" – in einer Firma, in einem Land, in Europa, auf einer Erde. Es wäre daher ein wichtiger Schritt, unsere Entscheidungen mit Methoden zu treffen, die systembedingt rücksichtsvolle und konsensfähige Lösungen hervorbringen.

Übergeordnete Fragestellung

Wie oben schon erwähnt ist die Formulierung der richtigen Fragestellung ein wichtiges Element im Rahmen des Konsen-sierens. Die Frage sollte weit genug gefasst sein, um den Lösungsraum nicht unnötig einzuschränken. Anderseits sollte sie präzise genug sein, damit die Lösungen weiter helfen und praktikabel sind.

In der Regel ungünstig sind geschlossene Fragen. Eine Frage „Soll ich mir ein neues Auto kaufen?", schränkt die möglichen Lösungen auf „ja" und „nein" ein. Hilfreicher sind offene W-Fragen (was, wann, wo, wie?). „Wie erreiche ich es, mit einem monatlichen Budget von ca. X EUR ausreichend mobil zu sein?" eröffnet vielfältige Lösungen: das alte Auto behalten, Neukauf, Leasing, Car-Sharing, Mitfahrzentrale, öffentliche Verkehrsmittel usw.

Vorsicht Falle: Manchmal hat der Auftraggeber bzw. Initiator eines Entscheidungsfindungs-Prozesses konkrete Erwartungen, was am Ende herauskommen soll. Im Rahmen eines Übungs-abends hat sich beispielsweise ein Teilnehmer gemeldet. Sein Interesse sei, mit Hilfe des Konsensierens das Ausgabemonopol der Europäischen Zentralbank für Euro-Banknoten abzuschaffen. Ungeachtet der Komplexität und Schwierigkeit dieses Vorhabens ist dies keine Fragestellung im Sinne des Konsensierens. Dem Teilnehmer schwebte eine konkrete Maßnahme als Lösung vor. Im Rahmen des Konsensierens ist also erst einmal zu klären: Was ist das Problem? Welche übergeordnete Fragestellung lässt sich daraus ableiten? Es sollte möglichst offen bleiben, welche Lösungen die Gruppe unter gegebenen Rahmenbedingungen erarbeiten wird. Oft ergeben sich unterwegs Blickwinkel und Einsichten, die am Anfang noch nicht absehbar waren.

URI-Formel

Sie kennen die URI-Formel wahrscheinlich noch aus dem Physikunterricht:

$U : R = I$
Bei gegebener Spannung U resultiert je nach Höhe des Widerstands im Stromkreis eine unterschiedliche Stromstärke.
220 Volt : 20 Ohm = 11 Ampere oder 220 Volt : 10 Ohm = 22 Ampere

---

Sie können das leicht ausprobieren, indem Sie in einem Stromkreis mit einer Glühlampe einen Widerstandsregler oder Dimmer einbauen. Die Spannung ist durch unser Stromnetz oder durch eine Batterie gegeben. Durch Änderung des Widerstands im Stromkreis können Sie die Lampe mehr oder weniger hell leuchten lassen.

In Analogie zur Physik können wir uns vorstellen: eine Gruppe von Menschen hat ein bestimmtes Leistungspotenzial und eine bestimmte Motivation. Wenn es uns gelingt, die äußeren und inneren Widerstände und Reibungsverluste zu minimieren, maximieren wir den Erfolg der Gruppe.

$$\frac{\text{Potenzial der Teilnehmer bzw. Mitarbeiter}}{\text{Widerstände} + \text{Reibungsverluste}} = \text{Erfolg der Gruppe}$$

Minimieren Sie also künftig die Widerstände und bringen Sie die Menschen zum Strahlen!

Verhaltensumkehr

Im Gegensatz zum traditionellen Mehrheitsprinzip und anderen Entscheidungsprozessen entsteht beim Konsensieren ein konstruktiver Wettbewerb um tragfähige Lösungen. Es kommt nicht mehr darauf an, andere zu übertrumpfen und die Mehrheit zu gewinnen, sondern möglichst viele „ins Boot" einer akzeptablen Lösung zu bekommen (vgl. Schrotta, 2011, S. 62).

Vorteile und Nutzen

Das Systemische Konsensieren hat gegenüber der Entscheidung durch reines Nachdenken bzw. Diskutieren in der Gruppe eine ganze Reihe von Vorteilen. Es werden nicht in allen Situationen alle Vorteile zum Tragen kommen. Damit möglichst viele davon wirksam werden, ist es wichtig, dass Sie selbst bzw. der SK-Moderator die Flexibilität der Methode sinnvoll zu nutzen wissen.

- **Einfach in der Anwendung – für einfache und komplexe Fragestellungen:** Zumindest einfache Herausforderungen lassen sich mit dem Konsensieren einfach lösen – im Extremfall per Vorschlag und Einwandfrage. Bei komplexer werdenden Fragestellungen wächst die Methode quasi mit und bietet eine systematische Herangehensweise und mächtige Hilfsmittel.

- **Strukturierter Entscheidungsprozess:** Statt dass sich die Diskussion im Kreis dreht, bietet das Konsensieren einen strukturierten Prozess, in dem alle wesentlichen Punkte berücksichtigt werden.

- **Höhere Geschwindigkeit:** Unsere Sprache ist oft zu ungenau und unpräzise. Die Umsetzung des eigenen Empfindens in Zahlenwerte erleichtert und beschleunigt die Diskussion.

- **Visualisierung und Transparenz:** Durch die Konsensierungs-Matrix kann das Meinungsbild der Gruppe leicht transparent gemacht werden.

- **Gleiches Gewicht für alle Teilnehmer:** Während in der Diskussion oft die gleichen Meinungsführer im Vordergrund stehen, haben in den Bewertungen alle Teilnehmer das gleiche Gewicht.

- **Unabhängige Beurteilung von beliebig vielen Lösungsvorschlägen:** Die Methode selbst hat keinerlei Beschränkungen, wie viele Lösungsvorschläge eingebracht werden können. Damit ist es möglich und sinnvoll, auch Variationen von bisherigen Lösungsansätzen als Vorschläge einzubringen. Die Beurteilung der bereits vorhandenen Vorschläge wird dadurch nicht beeinflusst.

- **Konstruktive und kreative Nutzung der Widerstände:** Widerstände werden beim Konsensieren nicht einfach „überstimmt" und unter dem Deckel gehalten. Die Widerstände werden explizit hinterfragt und nach Möglichkeit aufgelöst. Oft ergeben sich dadurch neue, wertvolle und kreative Lösungen.

- **Dynamik wirkt konfliktlösend:** Die Dynamik des Konsensierens fördert das gegenseitige Verständnis und die Erarbeitung von rücksichtsvollen Lösungen. Dadurch kommen Konflikte erst gar nicht auf, bzw. bereits vorhandene Konflikte können leichter gelöst werden.

- **Mögliche Konfliktpotenziale sind bekannt:** Bei einer normalen Abstimmung, die beispielsweise klar mit 15:5 Stimmen und 3 Stimmenthaltungen entschieden wird, haben Sie keine Anhaltspunkte, wie zufrieden die Gruppe mit dem Ergebnis ist. Wie stark sind die Bedenken der Personen, die dagegen gestimmt haben? Und was bedeuten die drei Enthaltungen? Haben die drei Personen grundsätzliche Bedenken und waren beispielsweise mit der Fragestellung nicht einverstanden oder haben sie eher eine neutrale Haltung? Beim Konsensieren weiß man deutlich mehr und ist weniger auf Mutmaßungen angewiesen.

- **Keine Verliererproblematik:** In üblichen „Kampfabstimmungen" muss sich die Minderheit der Mehrheit fügen. Selten sieht die Minderheit ein, dass die Mehrheit einfach den besseren Lösungsvorschlag hatte. Beim Konsensieren geht es darum, dass die Gruppe gewinnt. Oft sehen die Gruppenmitglieder, in deren Augen die gefundene Lösung nicht optimal ist, ein: ich persönlich habe zwar Bedenken – anhand des Meinungsbildes sehe ich aber meine Position im Verhältnis zu den anderen Meinungen und ich sehe ein, dass die Gruppenentscheidung eindeutig ist.

- **Typgerechte Entscheidungsfindung:** Mit Konsensieren kommen sowohl intuitive Menschen als auch „Zahlenmenschen" gut zurecht. Auch den intuitiven Menschen fällt es relativ leicht, ihre Empfindungen, die sie ggf. gar nicht richtig begründen und verbalisieren könnten, in einen Widerstandswert zu übersetzen. Die „Zahlenmenschen" fühlen sich mit den Widerstandswerten und der Möglichkeit, Kennzahlen zu ermitteln, ebenfalls sehr wohl. Alle Beteiligten – egal, ob sie lieber ihrem Bauchgefühl oder nüchternen Zahlen vertrauen - erhalten so eine Ausdrucksmöglichkeit, die niemanden bevorzugt.

- **Universelle Einsetzbarkeit:** Heute bedeutet „wir entscheiden demokratisch" meist, dass nach dem einfachen Mehrheitsprinzip mit all seinen Nachteilen abgestimmt wird. Stattdessen könnte man künftig sagen „wir konsensieren demokratisch". Die Methode ist mit leichten Variationen in allen Gruppen in den unterschiedlichsten Zusammenhängen einsetzbar: in der Familie, im Kindergarten, in der Schule, in Arbeitsteams, Projektgruppen, Vereinen, Parteien und im Parlament.

- **Bessere, innovativere und nachhaltigere Entscheidungen:** Die Erfahrung zeigt, dass sich über die beiden Blickwinkel: „Wie lösen wir die Fragestellung?" und „Gibt es Bedenken und wenn ja, wie ausgeprägt?" insgesamt bessere und innovativere Entscheidungen ergeben. Die Entscheidungen sind auch nachhaltiger, da mögliche Bedenken und Probleme im Vorfeld berücksichtigt und möglichst geklärt werden. Damit gibt es keinen berechtigten Anlass mehr, gefundene Lösungen zu boykottieren, zu sabotieren oder im Nachhinein öffentlich herabzusetzen.

Zitate und Meinungen zum Konsensieren

Prof. Schulz von Thun hat in einer E-Mail an Siegfried Schrotta bestätigt, dass Konsensieren mit dem „Inneren Team" eine „interessante Spielart der inneren Ratsversammlung" darstellt.

Dr. Erich Visotschnig: „Systemisches Konsensieren unterstützt das Management durch eine neuartige kooperative Entscheidungsfindung".

Siegfried Schrotta: „Systemisches Konsensieren verwandelt das Vorteilsdenken des Einzelnen in eine Leistung der Gemeinschaft".

Georg Paulus: „Systemisches Konsensieren wird die weitere Entwicklung auf unserem Planeten immer besser und mit friedlichen Mitteln vorantreiben.

Fragen zum Konsensieren

Warum keine Pro-Stimmen?

Teilnehmer, die zum ersten Mal mit dem Konsensieren in Berührung kommen, wundern sich häufig über die Frage, „Wie hoch sind Ihre Bedenken gegen diese Lösung?". Die Verwendung einer Pro-Skala wäre doch einfacher.

Antwort: Wenn die Teilnehmer im Entscheidungsprozess ihre Ablehnungswerte nennen, ist dies letztlich die formalisierte Antwort auf die Frage: „Spricht etwas dagegen, dass wir die Lösung umsetzen? Wenn ja, wie viel bzw. wie gravierend sind die Bedenken?".

Diese ausdrückliche Frage nach dem Widerstand bzw. nach Einwänden, Bedenken und Ablehnung ist das Kernstück des Systemischen Konsensierens. Wir unterziehen unsere Lösungen einem gedanklichen Stresstest. Jeder, der Bedenken äußert, ist kein Spielverderber, sondern macht uns auf mögliche Schwächen der Lösung aufmerksam.

Gute Gründe für die Nutzung von W-Stimmen:

Erfahrung: In vielen praktischen Situationen hat sich die Bewertung mit Widerstandsstimmen (W-Stimmen) bewährt. In den Anfängen des SK-Prinzips wurden Pro- und W-Stimmen gemeinsam abgefragt. Die W-Stimmen erwiesen sich als vorteilhafter und trennschärfer.

Widerstände und Konfliktpotenzial konkret erkennen: Durch die direkte Frage nach den Widerstandswerten erkennen wir, wie hoch das Konfliktpotenzial in der Gruppe insgesamt ist (Gruppenwiderstand entspricht Konfliktpotenzial). Durch Hinterfragen der Einzel-Widerstände können wir erkennen, woran es „hakt".

Ablehnung und Widerstände ernst nehmen: Das explizite Abfragen der Widerstandswerte fördert ein vertrauensvolles Miteinander (vgl. Begriffe „Pacing and Leading" im NLP). Werden die

Teilnehmer in ihren Bedenken ernst genommen, sind sie eher bereit, diese nochmals zu reflektieren. Die Frage, die eine Pro-Skala abbildet, wäre: „Du hast zwar Bedenken geäußert. Aber wie stark kannst Du mir auf einer Skala von 0 bis 10 dennoch entgegenkommen?". Dies trifft nicht die Empfindung dessen, der gerade Bedenken vorgebracht hat und könnte eher wie ein Trick wirken und damit Misstrauen wecken oder verstärken. Die Frage beim Konsensieren, „Was spricht dagegen?", wirkt ehrlich und stimmig.

Kreative Potenziale nutzen: Nicht selten sind Bedenken Auslöser für Denkprozesse, die zu neuen, innovativen Lösungen führen.

Perspektiven-Wechsel und Verhaltensumkehr: Geht es nicht nur um Auswahlkonsensieren, sondern um eine gemeinsame Lösungsfindung, bewirkt das Wissen um die spätere Abfrage der W-Stimmen bereits in der Phase der Lösungsfindung einen Perspektiven-Wechsel. Jeder der Beteiligten versetzt sich in die Lage der anderen Teilnehmer und entwickelt dadurch rücksichtsvollere Lösungen.

Auch noch eine andere Art von Perspektivenwechsel findet statt: Im Gesamtprozess wird die Fragestellung von zwei Seiten beleuchtet. In der Phase der Lösungssuche geht es darum, Vorschläge zu generieren. Hier denkt jeder zunächst einmal in Zielvorstellungen und Wunschkategorien. In der nächsten Phase rücken die Einwände, also die Gefahren und negativen Begleiterscheinungen in den Fokus. Dadurch ergibt sich insgesamt ein differenzierteres Bild. Der Prozess erinnert an die Disney-Methode, eine Kreativitätsmethode, bei der die Fragestellung nacheinander aus der Warte des Träumers, des Skeptikers und schließlich aus der des Realisten betrachtet wird.

Ist Konsensieren gleichbedeutend mit dem „Weg des geringsten Widerstandes"?

Unter „Weg des geringsten Widerstandes" verstehen wir meist eine Lösung mit faulen Kompromissen oder einem Umschiffen von Problemen und Widerständen. Genau das passiert beim Konsensieren nicht. Die Widerstände werden konkret abgefragt und aufgegriffen. Schließlich wird eine Lösung erarbeitet mit einem möglichst geringen Konfliktpotenzial und einem möglichst geringen gruppeninternen Widerstand (siehe „URI-Gesetz") bzw. mit der größtmöglichen Akzeptanz.

Vorschläge, die faule Kompromisse abfordern, würden mit hohen Widerstandswerten bewertet. Der Weg, den die Gruppe letztlich geht, kann durchaus anspruchsvoll sein und dennoch mit voller Kraft beschritten werden.

Geht durch Konsensieren viel Zeit verloren?

Im Gegenteil: Diskussionen während des Lösungsprozesses lassen sich abkürzen, indem man mittels der Konsensierungs-Matrix ein aktuelles Meinungsbild der Gruppe erstellt. Die problematischen Punkte können gezielt erfragt und bearbeitet werden.

Durch solidarisch getragene Lösungen spart man in der Umsetzung Zeit (keine Verlierer, kein oder möglichst geringes Konfliktpotenzial).

Kann man auch schwierige und komplexe Aufgaben lösen?

Ja, natürlich. Dies ist jedoch eine Frage der sinnvollen Untergliederung und Prozessgestaltung. Konsensieren als kreativer Prozess bietet hierfür die entsprechenden Ansätze.

Können wir Konsensieren einsetzen, obwohl unsere Vereinssatzung einen Mehrheitsbeschluss vorsieht?

In diesem Fall können Sie in zwei Schritten vorgehen.

Erster Schritt: Erarbeiten einer Kooperativen Entscheidungs-empfehlung mittels Konsensieren.

Zweiter Schritt: Formale Abstimmung über den erstgereihten Vorschlag, wie in der Satzung vorgesehen.

Smarte Grundlagen für bewusste Entscheidungen

Eigeninteresse oder Gemeinwohl?

Wir haben formuliert „Smarte Entscheidungen führen zu Lösungen, die dem Konsens möglichst nahe kommen." Hier stellt sich die Frage, ob dies überhaupt erstrebenswert ist? Oder kommen wir in unserer Leistungsgesellschaft nicht besser mit Willensstärke und Durchsetzungskraft weiter?

> „Ich bin o.k. – du bist o.k."
>
> Eric Berne (1910 bis 1970), Entwickelter der Transaktionsanalyse

Wie so oft geht es auch hier weniger um ein Entweder-Oder sondern um die richtige Balance. In unserer heutigen Gesellschaft kippt die Waage allzu häufig in Richtung Eigeninteresse und Egoismus. Wir sollten aber stets bedenken, dass wir Teil einer Gemeinschaft sind. Je besser es dieser Gemeinschaft geht, desto wahrscheinlicher geht es uns als Individuen und Einzelpersonem auch gut.

Folgerichtig formuliert Eric Berne, der Entwickler der Transaktionsanalyse, den Kernsatz „Ich bin o.k. – du bist o.k." als die einzig sinnvolle Grundhaltung in zwischenmenschlichen Beziehungen.

> **Essenz:**
>
> Ich entscheide in Balance zwischen Eigeninteresse und Gemeinwohl.

Expertenrat

Häufig hört man den allgemeinen Tipp, man solle sich bei Experten einen qualifizierten Rat einholen. Leider sind Sie damit oft NICHT gut beraten. Hier einige Beispiele:

Rechtsbeistand: Jeder Rechtsanwalt wird Ihnen raten, dass Sie keinen wichtigen Vertrag ohne Rechtsbeistand unterschreiben sollten. Gibt es irgendwann tatsächlich Streit, kommt dann sehr wahrscheinlich die kritische Frage: „Haben Sie sich damals beraten lassen?". Ich entscheide mich dennoch oft bewusst gegen einen Rechtsbeistand. Denn die Erfahrung zeigt: mit Rechtsbeistand wird es fast immer gleich von Anfang an kompliziert. Ohne Rechtsbeistand wird es nur in wenigen Fällen nach einiger Zeit schwierig. Die richtige Grundsatzfrage lautet daher meist nicht, mit oder ohne Rechtsbeistand sondern: Mit wem mache ich Geschäfte und mit wem nicht? Menschen mit gesundem Rechtsempfinden finden meist einen guten Weg. Alle anderen lässt man ohnehin besser links liegen.

Öffentliche Warnungen: Ob Warnungen vor Lebensmitteln, Pandemien wie die Vogelgrippe oder Warnungen des auswärtigen Amtes zu Reisezielen, – öffentliche Warnungen werden normalerweise nur ausgesprochen, wenn ein hinreichender Verdacht einer erhöhten Gefährdung besteht. Daher sollten Sie solche Warnungen grundsätzlich ernst nehmen und Ihr Verhalten danach ausrichten. Jedoch sollten Sie gelassen mit solchen Warnungen umgehen, und sich eine eigene Meinung bilden.

Wenn Sie an verantwortlicher Stelle sitzen würden: würden Sie lieber einmal zu viel oder einmal zu wenig warnen? Die Presse greift Themen wie die Vogelgrippe gerne auf, weshalb vermeintlichen Gefahren oft mehr Aufmerksamkeit geschenkt wird als bei nüchterner Betrachtung gerechtfertigt wäre. Die normale, altbekannte Grippe fordert beispielsweise jährlich mehr Todesopfer als die Vogelgrippe. Insofern: Vorsicht ja – Panik nein.

Die bittere Erfahrung lehrt, dass Expertenrat gefährlich sein kann.

Sie haben keine Wahl, Sie müssen selbst entscheiden.

Gerd Gigerenzer (*1947), Psychologe, Direktor am Max-Planck-Institut für Bildungsforschung

Gerd Gigerenzer kritisiert, dass Ärzte, Finanzberater und andere Risikoexperten selbst nicht in der Lage sind, Risiken richtig einzuschätzen oder anderen verständlich zu machen. Hinzu kommt, dass viele von ihnen Interessenskonflikte haben oder rechtliche Konsequenzen fürchten. Im Ergebnis erteilen sie ihren Patienten oder Klienten Ratschläge, die sie ihren Angehörigen nie geben würden (Gigerenzer, 2013).

Essenz:

Ich verlasse mich nicht nur auf Expertenrat, sondern bilde mir eine eigene Meinung. An Experten stelle ich die Anforderung, dass sie mir Sachverhalte so erklären, dass ich in der Lage bin, selbst kompetent zu entscheiden.

Finanzkompetenz

Arbeiten Sie gerne für Ihre Bank? Wenn nicht, dann sollten Sie auch nicht zu dem Sechstel der Bundesbürger gehören, die regelmäßig ihr Konto überziehen und sehr hohe bis überhöhte Dispozinsen zahlen (www.bmelv.de, 2012).

Gerade von älteren Leuten hörte man früher oft den Grundsatz: „Ich gebe nur das Geld aus, das ich habe. Wenn ich das Geld nicht habe, kann ich warten oder verzichten." Diesen Grundsatz beherzigen viele Menschen heute nicht mehr und zahlen lieber Dispozinsen, Ratenzahlungsaufschläge oder Zinsen für Verbraucherkredite.

Die Konsequenz ist, dass es durch die entstehenden Zusatzkosten noch einmal schwieriger wird, sich ein finanzielles Polster zu erarbeiten.

Bei einer Studie der ING-DiBa gaben 53% der Deutschen an, keine Finanzbildung zu haben. Damit belegt Deutschland europaweit einen traurigen Spitzenplatz. 78% der Deutschen wollen Finanzbildung in der Schule, aber nur 18% haben sie erhalten.

Wenn Sie ebenfalls den Eindruck haben, dass Sie auf dem Gebiet der Finanzkompetenz noch etwas fitter sein möchten, empfehle ich Ihnen das Kapitel „Ganzheitliches Finanzmanagement" im Buch „SmarterLife – 10 Säulen für ein erfolg-reiches Leben.". Gerne können Sie auch eine überarbeitete Fassung per E-Mail bei mir anfordern (Kontaktdaten, siehe „Der Autor", S.146).

Essenz:

Mit Geld gehe ich bewusst um. Statt eines Lebens auf Pump, versuche ich, mir ein finanzielles Polster zu erarbeiten.

Geiz ist nicht geil!

Fragen Sie doch einmal Ihre Partnerin oder Ihren Partner, ob Geiz wirklich antörnt. Für mich persönlich zeigte sich der moralische und geistige Tiefpunkt unserer Nachkriegsgesellschaft, als Marketingstrategen entscheiden haben, der Slogan „Geiz ist geil" sei werbewirksam. Wie erfolgreich die Kampagne, die immerhin von 2002 bis 2007 lief, für die Elektronikhandelskette wirklich war, sei einmal dahingestellt. Aber wenn sich ein erheblicher Teil der Käufer bzw. Gesellschaft für so dumm verkaufen lässt, ist meines Erachtens höchste Alarmstufe angesagt.

Wenn man das Stichwort „Geiz" googelte, rangierte lange Zeit der Eintrag „Geiz ist geil" auf einem der vorderen Ränge. Immerhin, die sachliche Auseinandersetzung von Wikipedia rangiert auf dem ersten Platz. Und da ist dann auch zu lesen, dass der Geiz eine zwanghafte oder übertriebene Sparsamkeit bezeichnet, die zum Unwillen führt, Güter mit anderen zu teilen. Etwas Zwanghaftes und Übertriebenes kann niemals geil sein! Hier wird eher der Tiefstand einer Gesellschaft aufgedeckt, die sich das gefallen lässt.

Unter Wikipedia erfährt man weiter, dass im (katholischen) Christentum die Avaritia, also der Geiz, zu den sieben Hauptlastern oder –sünden gehört, die als die Wurzeln von Todsünden betrachtet werden. Auch wenn heute Moralpredigten nicht mehr gerne gehört werden, muss man doch einräumen, dass moralische Regeln selten grundlos aufgestellt wurden. Meist haben sie einen tieferen Sinn und ermöglichen ein harmonischeres Miteinander.

Was ist daran zu kritisieren, wenn Sie preisbewusst einkaufen oder auch mal ein Schnäppchen machen? Es ist natürlich nichts einzuwenden, wenn ein Händler vorübergehend auf eigene Einnahmen verzichtet und einen Treuerabatt an Stammkunden abgibt oder zum Firmenjubiläum Aktionsangebote unterbreitet. Wenn aber der günstige Preis auf lange Sicht das wichtigste Argument ist, sind immer Zweifel angebracht. Qualität hat nun einmal ihren Preis. Und wenn der Preis besonders niedrig ist, das ist quasi ein Naturgesetz, wird die Zeche an irgendeiner Stelle bezahlt, wo Sie es vielleicht gar nicht vermuten.

Gerade kleine Handwerker und Dienstleister agieren oft selbstausbeuterisch. In der Hoffnung, über besonders günstige Preise an Aufträge zu kommen, verkaufen sie ihre Leistungen oft zu billig. Daher kommt wohl auch der Spruch „Selbstständig bedeutet, dass man selbst und ständig arbeitet". Die wenigsten, die dies praktizieren, sind wohl Workaholics. Die meisten tun dies, um irgendwie über die Runden zu kommen.

In Sachen Ausbeutung von Mitarbeitern, Lieferanten und Produzenten haben schon manche Firmen für Negativschlagzeilen gesorgt. Es sind aber nicht nur die bekannten Beispiele; diese Praktiken ziehen sich durch die gesamte Handelsbranche. Geben Sie doch in die Suchmaschine Ihres Vertrauens die Begriffe „ausbeutung aldi", „ausbeutung amazon", „ausbeutung lidl", „ausbeutung schlecker" oder auch den Namen Ihrer Lieblingshandelsketten. Natürlich sind nicht immer alle Vorwürfe berechtigt. Aber machen Sie sich selbst ein Bild anhand der Fakten, die in den jeweiligen Artikeln beschrieben sind.

Im folgenden Kasten haben wir eine Gesamtrechnung aufgestellt.

Die Gesamtrechnung:
Preis, den Sie bezahlen
+ Selbstausbeutung des Anbieters
+ Ausbeutung der Mitarbeiter
+ Ausbeutung der Lieferanten und Produzenten (ggf. im Ausland)
+ Ausbeutung des Sozialsystems durch Subventionen, steuerliche
  Vergünstigungen usw.
+ Ausbeutung der Umwelt durch Materialien, Produktion und Entsorgung
- Wert der Qualität, die Sie erhoffen, aber nicht bekommen
- Wert der Beratung, die Sie gebraucht hätten, aber nicht bekommen
- Wert des Services, den Sie erhoffen, aber nicht bekommen
= eigentlicher Wert der Ware oder Dienstleistung

Je „billiger" Sie einkaufen, desto größer ist die Differenz zwischen dem Preis, den Sie bezahlen und dem eigentlichen Wert der Ware oder Dienstleistung. Mittel- und langfristig ist es für alle Beteiligten besser, „preis-wert" nach dem Motto „leben und leben lassen" einzukaufen.

Essenz:

Ich kaufe weniger nach dem Motto „Hauptsache billig" ein, sondern achte auf Qualität, Service und „preis-werte" Angebote.

Ja zur Entscheidung

Ich habe es oben schon einmal erwähnt. Wenn eine Entscheidung ansteht, treffen Sie im Grunde immer eine Entscheidung. Solange Sie zögern und zuwarten, entscheiden Sie sich im Grunde, die Dinge laufen zu lassen. Meist ist es besser, das Heft in die Hand zu nehmen und die Weichen bewusst und aktiv zu stellen.

Wenn Sie den richtigen Zeitpunkt für eine anstehende Entscheidung verpassen, liegen Sie auf jeden Fall falsch. Wenn Sie rechtzeitig entscheiden, wahren Sie sich die Chance, alles richtig zu machen. Vermutlich werden Ihnen dabei auch Fehler und Irrtümer unterlaufen. Diese sollten Sie aber nicht nur als Misserfolge sehen, sondern auch als Lernchancen und wertvolle Erfahrungen.

Leider haben viele Menschen den Hang, Verantwortung abzuschieben. Gerd Gigerenzer sagt: „Wir möchten die Verantwortung nicht selbst übernehmen. Der gute Deutsche schimpft auf den Staat, dass er es nicht gerichtet hat. Das ist in den USA ganz anders. Dort traut man dem Staat gar nicht. [...] Wir sollten als Erwachsene lernen, die Verantwortung für unsere Entscheidungen selbst zu übernehmen" (www.br.de, 02.08.2013). Der große

Gewinn an der Selbstverantwortung ist, dass Sie selbst gestalten und mit der Zeit in Ihren Entscheidungen immer sicherer werden.

Essenz:

Ich entscheide bewusst, selbstverantwortlich und (pro-) aktiv. Manchmal entscheide ich auch bewusst, dass ich die Dinge laufen lasse.

Konfliktfähigkeit

Konfliktfähigkeit, also die Bereitschaft, sich Konflikten zu stellen und konstruktiv zu lösen, ist immer wieder gefordert.

Konflikte haben die Tendenz zu eskalieren. Je nach Autor werden unterschiedliche Konfliktstufen unterschieden. Friedrich Glasl bespielweise bezeichnet die erste Stufe als Verhärtung. Hier prallen Meinungen erst einmal aufeinander. Auf der vierten Stufe sucht man sich schon Sympathisanten für die eigene Position und ist darauf bedacht, selbst zu gewinnen; der Gegner soll verlieren. Ab der Stufe sieben geht es nur noch darum, dass man den Gegner schädigt, auch auf die Gefahr hin, selbst Nachteile in Kauf nehmen zu müssen. Auf der neunten und letzten Stufe „Gemeinsam in den Abgrund" kalkuliert man sogar die eigene Vernichtung mit ein, Hauptsache der Gegner wird mit vernichtet.

Wenn Sie selbst in einem Konflikt stecken, können Sie durch Konsensieren selbst überprüfen, ob Sie noch auf einem konstruktiven Weg der Lösung sind. Die Verhaltensoptionen, die Sie sehen und die Bewertungen sollten nicht allzu stark vom folgenden Schema abweichen:

Verhaltensoptionen	ich
Konstruktive Lösung 1	0
Konstruktive Lösung 2	1
...	
Null-Lösung "Leben und leben lassen"	5
Ich rüste mich für den Kampf, um zu gewinnen	6
Ich versuche, dem Gegener zu schaden	7

Ich vernichte den Geger um jeden Preis	10

Abbildung: Soll-Bild Ihrer Verhaltensoptionen und Bewertungen auf der Widerstandsskala von 0 bis 10

Es gibt eigentlich immer die Lösung, dem Gegner nach dem Motto „leben und leben lassen" aus dem Weg zu gehen. Diese Option sollten Sie mit einem mittleren Widerstand bewerten. Möglicherweise gibt es oberhalb dieser „Passivlösung" konstruktivere Lösungen, mit denen Sie sich besser stellen würden. Alle Optionen unterhalb der Passivlösung, die in Richtung „Kampf" und „dem anderen schaden" gehen, sollten relativ hohe bis höchste Widerstände erhalten, da sie den Konflikt nur weiter anheizen.

Essenz:

Suchen Sie in Konflikten nach konstruktiven Lösungen. Ein guter Ausgangspunkt ist eine neutrale Lösung, mit der Sie und auch die anderen Beteiligten gut leben können. Ist diese Lösung erst einmal formuliert, finden Sie ggf. weitere Lösungen, die besser und konstruktiver sind und auch so bewertet werden.

Macht als Verbraucher

Als Verbraucher entscheiden Sie täglich mit, welche Art von Schlagzeilen die Zeitungen bestimmen, weil diese umsatzsteigernd wirken. Sie haben ebenso Einfluss darauf, wie Produkte produziert, wie Tiere gehalten werden und wie viel und welche Art von Werbung auf uns einprasselt.

Haben Sie schon einmal darüber nachgedacht, dass Sie mit dem Kauf bestimmter Automarken das Gehalt von Fußballprofis mitfinanzieren? Es ist zwar schön, wenn Firmen damit werben, dass sie Geld, das sie über den Verkauf von Produkten erwirtschaften, teilweise für soziale und Umwelt-Zwecke ausgeben. Aber vielleicht möchten wir als Verbraucher lieber selbst entscheiden, wie wir unser Geld verwenden.

Tatsache ist, dass viele Firmen einen erheblichen Anteil Ihres Umsatzes für Marketing- und Werbemaßnahmen ausgeben. Gerade Firmen, die nur eine schlechte Produktqualität zu bieten haben, versuchen ihr Markenimage durch einen hohen Werbe-Aufwand auszugleichen. Die Uni Göttingen hat ermittelt, dass das Werbebudget für Unternehmen der Lebensmittelwirtschaft in Deutschland bis zu 20% ihres Unternehmensumsatzes ausmacht (Schramm et al., 2004). Für Produkte, die neu in den Markt eingeführt werden, liegt der Anteil nicht selten deutlich über 25%.

Bevorzugen Sie daher im Zweifel Produkte, die weniger durch Präsenz in den Medien punkten wollen, sondern durch Qualität überzeugen.

Wie stark die Macht der Verbraucher sein kann, bekamen im Jahre 2012 der Schlecker-Konzern und die Schlecker-Familie zu spüren. Sie waren so lange immer wieder wegen ihrer Geschäfts-praktiken und wegen der schlechten Bezahlung der Mitarbeiter in die Schlagzeilen geraten, bis die Umsätze einbrachen und die Insolvenz unvermeidbar wurde.

Leider ist es für uns Verbraucher nicht immer leicht zu erkennen, welche Unternehmen sich ethisch korrekt verhalten. Wenn berechtigte Kritik hochkommt z.B. wegen Umweltverstößen, Umgang mit Mitarbeitern, schlechten Produktionsbedingungen usw. sollten wir aber möglichst lange konsequent bleiben und es die Firmen durch bewusstes Kaufverhalten spüren lassen.

Eine gewisse Sicherheit bieten auch Selbstverpflichtungen und Qualitätssiegel (z.B. "Fairtrade", „sanftes Reisen" oder „Gemeinwohl-Ökologie"). Regionale Strukturen setzen häufig stark auf einen direkten Kundenkontakt und sind deshalb viel mehr auf eine ehrliche Leistung und positive Mundpropaganda angewiesen.

Essenz:

Ich definiere meine eigenen Qualitätskriterien, die mich für Werbebotschaften weniger empfänglich machen. Meine Macht als Verbraucher spiele ich bewusst aus, indem ich gezielt einkaufe und dabei auf mehr achte als nur auf schöne, bunte Verpackungen und den niedrigen Preis.

Nein zur Maximierung

Das Bestreben, als Unternehmen die Gewinne zu maximieren, gilt in weiten Kreisen als normal und positiv. Leider kann man den „gesunden Ehrgeiz" auch leicht übertreiben. Dies zeigen Negativbeispiele aus der Wirtschaft, wo maximales Effizienzstreben zu untragbaren Produktionsbedingungen führen kann. In Sachen Maximierung lohnt es sich aber auch, vor der eigenen Haustüre zu kehren.

„Weniger ist oft mehr" sagt nicht nur der Volksmund. Es gibt auch wissenschaftliche Untersuchungen zum Thema „Maximierer versus Genügsame" („Maximizer versus Satisficer") und zum „Effekt der zu vielen Möglichkeiten" ("Too-much-choice"-Effekt). In einem Experiment wurden beispielsweise am Eingang eines Lebensmittelgeschäftes exotische Fruchtaufstriche angeboten – in einer Versuchsanordnung 6 Sorten in einer anderen 24 Sorten. Der Stand mit 24 Sorten hat zwar deutlich mehr Leute angezogen, aber nur drei Prozent haben nach einer Kostprobe auch wirklich gekauft. Für die 6 Sorten fanden sich weniger Interessenten; aber immerhin ein Drittel dieser Gruppe konnte sich zum Kauf entscheiden (spiegel.de, 06.06.2012).

Ähnliche Experimente zeigten, dass sich sogenannte „Maximierer" selbst in Situationen bringen, in denen der "Too-much-choice"-Effekt zum Tragen kommt. Sie treiben von sich aus mehr Aufwand, um wirklich alle Optionen kennenzulernen, um auch wirklich das günstigste Schnäppchen zu ergattern usw. Das Problem hierbei ist, dass auf diese Weise auch kleine Aufgaben wie die Suche nach einer neuen Hose oder nach einem neuen PC schnell zu einem wahren Kraftakt werden können. Denn schließlich weiß man ja nie, ob ein anderes Geschäft nicht doch eine Hose mit einer noch besseren Passform hat, bevor man nicht alle Geschäfte durchprobiert hat. Auch den gewünschten PC könnte es irgendwo noch mit mehr Extras oder zu einem günstigeren Preis geben.

Das schwierige am Effekt der zu vielen Möglichkeiten ist, dass seine Wirkung eine umgekehrte U-Form beschreibt. Hat man zu wenig Auswahl ist man unzufrieden. Bis zu einer bestimmten Anzahl steigt die Zufriedenheit an, bis sie dann kippt. Ist die Auswahl zu hoch, scheinen wir intuitiv zu bemerken: der Aufwand, die richtige Wahl zu treffen, wächst unverhältnismäßig an. Außerdem scheint uns angesichts der vielen Optionen, gegen die wir uns entscheiden müssen, zu viel zu entgehen. Die Zufriedenheit mit den getroffenen Entscheidungen nimmt daher ab, wenn wir zwischen zu vielen Alternativen wählen müssen.

Während Maximizer für den "Too-much-choice"-Effekt recht anfällig sind, beschränken sich die Genügsamen eher auf eine überschaubare Anzahl an Möglichkeiten und werden durch Zeitersparnis und höhere Zufriedenheit belohnt.

Essenz:

Vor Entscheidungen finde ich das goldene Mittelmaß für die Anzahl der Optionen.

Risikokompetenz

„Wir müssten die Schule revolutionieren und den Umgang mit Risiken beibringen."

Gerd Gigerenzer (*1947), Psychologe, Direktor am Max-Planck-Institut für Bildungsforschung

Wenn wir die Schule verlassen, haben wir alles Mögliche gelernt. Statistische Grundfertigkeiten, die wir im Alltag benötigen würden, um Chancen und Risiken abschätzen zu können, haben aber die Wenigsten.

Ein einfaches Beispiel mag dies verdeutlichen. Sie spielen Mensch-ärgere-dich-nicht und wollen unbedingt eine 6 würfeln. Bei den letzten 20 Versuchen hat es nicht geklappt. Wie hoch ist die Wahrscheinlichkeit, dass Sie beim 21. Versuch mehr Glück haben?

Antwort: Die Wahrscheinlichkeit, dass Sie mehr Glück haben, ist Null. Die Wahrscheinlichkeit ist und bleibt bei jedem Versuch 1 zu 6. Auch wenn wir glauben, dass unsere Ausdauer die Wahrscheinlichkeit anwachsen lässt, ist dies nicht der Fall. Natürlich war in diesem Fall auch die Formulierung etwas spitzfindig. Aber genau das ist das Problem im Alltag. Wie oft hören wir in den Medien Formulierungen wie „der Zuwachs an CO_2-Ausstoß konnte reduziert werden". Dies hört sich erst einmal gut an, bedeutet aber immer noch einen wachsenden Ausstoß an CO_2.

Unter der Internetadresse www. kenn-dein-risiko.de können Sie einen kurzen Test zur Einschätzung Ihrer Risikokompetenz durchführen. Der Test ist gratis und dauert nur wenige Minuten.

Teilweise lassen sich Risiken statistisch erfassen. In Versicherungsgesellschaften rechnen Mathematiker kühl damit und können daher für beliebige Risiken Prämien errechnen, die es erlauben, Schäden zu ersetzen und Deckungsbeiträge sowie Gewinne zu erwirtschaften. Wir Laien reagieren eher nach subjektivem Empfinden – je nachdem, welche persönlichen Erfahrungen wir gemacht haben.

Zur Verdeutlichung noch ein paar Beispiele: Was ist gefährlicher – Autofahren oder Rauchen? Durch Autofahren kommen in Deutschland jährlich ca. 3.600 Menschen ums Leben (www.dvr.de für 2012) durch Rauchen 140.000 (welt.de, 30.05.2007). Was ist wahrscheinlicher – durch einen Hai oder durch ein Pferd ums Leben zu kommen? Die durchschnittliche jährliche Zahl der Todesopfer durch Haiangriffe lag im vergangenen Jahrzehnt weltweit bei 4,3. Im Vergleich dazu: allein in Deutschland sterben jährlich 23 Menschen nach Reitunfällen – also durch Pferde.

Die Auswirkungen von solchen Risiko-Fehleinschätzungen zeigt Gigerenzer anhand eines Beispiels aus den USA auf. Nach dem Anschlag vom 11. September 2001, bei dem ca. 3.000 Menschen ums Leben kamen, hatten viele Amerikaner Angst zu fliegen. In den ersten drei Monaten erhöhten sich daher die auf den ländlichen Interstate-Highways zurückgelegten Kilometer um fünf Prozent. Man schätzt, dass das erhöhte Verkehrsaufkommen und die daraus resultierenden Autounfälle noch einmal 1.600 Amerikanern das Leben gekostet haben.

Diese Menschen sind Opfer unserer „Heuristiken" geworden. Diese vereinfachenden, die Komplexität reduzierenden Faustregeln befähigen uns zu erstaunlich guten intuitiven

Schlussfolgerungen. In diesem Fall führten sie allerdings zu einer Fehleinschätzung. Die Faustregel, nach der wir hier handeln, lautet „Wenn viele Menschen gleichzeitig sterben, dann reagiere mit Furcht und meide die Situation". Dies ist auch der Grund, warum die Medien über jeden Flugzeugabsturz berichten. Die Tatsache, dass im Laufe einer Woche wesentlich mehr Menschen durch Motorrad- und Autounfälle sterben, tritt dagegen in den Hintergrund.

Vieles lässt sich in Statistiken ausdrücken. Dies darf aber nicht darüber hinwegtäuschen, dass sich mindestens ebenso viel einer mathematischen Berechnung entzieht. Werde ich eine Prüfung schaffen? Werde ich das gerade begonnene Projekt erfolgreich abschließen können? Kann ich den Kunden in der Präsentation überzeugen? Ein Blick in die Statistik, also eine Betrachtung wie es dem Durchschnitt in der Vergangenheit ergangen ist, hat wenig Aussagekraft für den Einzelfall und die eigene Zukunft.

Um zu smarten Entscheidungen zu kommen, bedarf es unterschiedlicher Fähigkeiten:

- Wissen um die Regeln: Welchen Gesetzmäßigkeiten folgt eine Gruppe, eine Firma, der Markt usw.?

- Statistisches Know-how: Ist die Wahrscheinlichkeit von bestimmten Ereignissen bekannt, dann ist es möglich, die Erfolgschancen zu berechnen.

- Intuition und gute Faustregeln: Sind Erfolgswahrscheinlichkeiten nicht bekannt, helfen nur Intuition und gute Faustregeln.

- Methoden- und soziale Kompetenz: Wir können die Chancen für den Erfolg erhöhen, wenn wir wirkungsvolle Methoden einsetzen und (sozial) kompetent agieren.

In den meisten Situationen ist eine Kombination aus den oben genannten Punkten nötig.

Wie schwierig der Blick in die Zukunft ist, zeigen berühmte Fehleinschätzungen wie die der Plattenfirma, die den Beatles keinen Vertrag gab, oder die der Uni, die Einstein keine Stelle anbot. Der Autopionier Gottfried Daimler soll die Auffassung vertreten haben, dass es aus Mangel an geeigneten Fahrern weltweit nie mehr als eine Million Autos geben würde. Er war von der Annahme ausgegangen, dass Autos nur von Chauffeuren bedient werden können.

Da Fehleinschätzungen und Fehler generell nicht vermeidbar sind, ist es wichtig, dass wir eine entsprechende Fehlerkultur pflegen, bei der wir Fehler als normale Begleiterscheinungen jedes Lernprozesses sehen. Hier sollten wir uns ein Beispiel an unseren Kleinsten nehmen, die beim Laufenlernen unzählige Male hinfallen, aber immer wieder aufstehen und solange üben, bis es klappt.

Essenz:

Ich gehe mit Chancen und Risiken bewusst um und erhöhe meine Erfolgschancen durch Methoden- und Sozialkompetenz. Lernprozesse fördere ich durch eine konstruktive Lernkultur.

Smarte Gruppenintelligenz

In der Literatur zur Schwarm-, Gruppen- bzw. kollektiven Intelligenz finden sich unzählige Beispiele, zu welchen kollektiven Leistungen Tiere und Menschen fähig sind. Zugvögel sparen ohne theoretisches Wissen über Aerodynamik bis zu 20 Prozent Energie, indem ihr Schwarm in einer V-förmigen Formation fliegt. Ein schönes Beispiel menschlicher Gruppenintelligenz ist z.B. Wikipedia. In Projektteams zeigt sich immer wieder, dass gegenseitige Inspiration deutlich bessere Ergebnisse bringt, als nur die Summe von Einzelleistungen.

Doch der Spruch „Viele Köche verderben den Brei" weist darauf hin, dass man sich gegenseitig auch blockieren kann. Durch negative Gruppendynamik können die negativen Effekte überwiegen. Gunter Dueck widmete diesem Problem ein ganzes Buch: „Schwarmdumm – So blöd sind wir nur gemeinsam". Er beklagt, dass wir unsere Intelligenz aus persönlichem Ehrgeiz gegeneinander nutzen. Die Intelligenz der einzelnen Individuen hebt sich dabei auf und endet in großer Gesamtdummheit.

Gruppenintelligenz kann benutzt werden, um noch raffiniertere Waffen zu bauen, die Bevölkerung mittels Big Data immer besser zu durchleuchten und zu kontrollieren oder Bauern weltweit durch hybrides, nicht fortpflanzungsfähiges Saatgut immer weiter in Abhängigkeit zu treiben.

Ohne Werte wie Fairness, Rücksichtnahme und Nachhaltigkeit helfen weder individuelle noch kollektive Intelligenz, lebensfördernde Bedingungen zu bewahren. Diesen Aspekt vermisse ich in der mir bekannten Literatur zu Gruppenintelligenz. Üblicherweise werden gemeinsame Ziele, ein funktionierender Informationsaustausch und kognitive Vielfalt als Voraussetzung für intelligente Gruppenleistungen genannt. Dabei konzentriert sich individuelles Denken oft zu eng auf die eigene Sippe, auf kurzfristigen Erfolg und zu wenig über den eigenen momentanen Tellerrand hinaus. Zu einer „Smarten Gruppenintelligenz" gehören jedoch auch die oben genannten Werte – alles andere wäre weder smart (siehe auch Lexikon) noch wirklich Intelligent.

Falls wir, zusätzlich zu unseren bisherigen Kriterien, unsere Entscheidungen und unser Handeln auch noch ethischer und nachhaltiger ausrichten wollen, würde sicher folgende Frage auftauchen: Wie lässt sich angesichts der Komplexität eines Themas, an dem mehrere Personen beteiligt sind, in zeitlich vertretbarem Aufwand eine Entscheidung finden? Besprechungen mit mehr als drei Beteiligten dauern oft unangemessen lang.

Die beste Antwort auf die Frage sind konstruktive Methoden und Ansätze wie das systemische Konsensieren (SK).

Unvermögen oder böse Absicht?

Es gibt eine ganze Reihe von menschlichen Eigenschaften, die immer wieder zu Fehlverhalten führen: Faulheit, Vergesslichkeit, Nachlässigkeit, Unbedachtheit, Dummheit, Feigheit usw.

Kaum ein Mensch kann wirklich behaupten, dass ihm diese Wesenszüge gänzlich fremd sind. Wenn es darum geht zu entscheiden, bzw. zu beurteilen, wie bestimmte Verhaltensweisen von anderen gedeutet werden sollen, erliegen auffällig viele Menschen der Versuchung, bösen Willen, Intrigen oder gar Verschwörungen zu unterstellen.

Beispiel: Warum warnen die Behörden vor der Vogelgrippe?

Hypothese A: Der Verantwortliche will nichts versäumen und handelt nach dem Motto: „Lieber einmal zu viel Vorsicht als zu wenig."

Hypothese B: Natürlich stecken die Behörden mit der Pharmaindustrie unter einer Decke. Es soll nur der Umsatz an Medikamenten angekurbelt werden.

Es ließen sich noch mehr Hypothesen aufstellen.

Fakt ist, dass wir bei vielen Themen nicht genügend Informationen haben, um uns wirklich ein fundiertes Urteil bilden zu können.

> „Zwei Dinge sind unendlich, das Universum und die menschliche Dummheit, aber bei dem Universum bin ich mir noch nicht ganz sicher."
>
> Albert Einstein

In der Wissenschaftstheorie wird die Forderung aufgestellt, dass Erklärungen und Modelle möglichst einfach sein sollten. In

Anlehnung daran können wir für unseren Alltag fordern, dass alles, was sich durch Unvermögen und menschliche Schwäche erklären lässt, nicht Anlass für Spekulationen und Verschwörungstheorien werden sollte. Und durch Unvermögen lässt sich Vieles erklären!

Essenz:

Bevor ich einem Menschen böse Absicht unterstelle, prüfe ich, ob sein Verhalten nicht auch das Ergebnis „normaler" menschlicher Schwächen sein könnte.

Zero-Based-Thinking

Manchmal werden Vorhaben und Projekte im Laufe der Zeit kompliziert. Mit dieser Situation fühlen Sie sich nicht mehr wohl und Sie sind unentschlossen, wie Sie fortfahren sollen.

Hier hilft oft Zero-Based-Thinking – das Denken vom Nullpunkt. Überlegen Sie zum Beispiel: „Wenn ich neu entscheiden sollte, würde ich wieder in die gleiche Wohnung einziehen?" oder „Würde ich mich bei meinem Arbeitgeber wieder bewerben?".

Dieser gedankliche Ansatz eröffnet eine neue Perspektive. Anstatt am Bestehenden immer wieder mit mäßigem Erfolg nachzubessern, können Sie sich überlegen: Wie würde ich heute entscheiden, wenn ich noch ganz am Anfang stünde?

Essenz

Ich nutze „Zero-Based-Thinking", um zu überprüfen, ob ich in einer Sackgasse stecke.

Zusätzliche Aspekte

Es gibt noch weitere Aspekte wie beispielsweise Fehlerkultur, lineares oder vernetztes Denken, soziale Wahrnehmung und Vieles mehr, welche die Qualität unserer Entscheidungen beeinflussen. Wenn Sie an weiteren Informationen interessiert sind, schreiben Sie mir bitte. Ich kann Ihnen gerne Artikel oder Literaturhinweise zukommen lassen (Kontaktdaten, siehe „Der Autor", S, 157).

Im Anhang finden Sie auch einiges unter dem Abschnitt „Weitere Unterstützung" (S. 159).

Ich freue mich, wenn Sie sich melden.

Ihr

Josef Maiwald

Demokratie, wie sie auch sein könnte

Kluge Entscheidungsverfahren sind eine Chance, Politik wieder wirkungsvoller und attraktiver zu gestalten. Wenn ich diese Behauptung auch nur andeute, reagieren manche Menschen, als hätte ich ein ungeheuerliches Tabu gebrochen. Unsere Demokratie ist vielen heilig. Und das ist gut so. Dies darf aber nicht dazu führen, dass man mögliche und meines Erachtens nötige Chancen zur Besserung ungenutzt lässt.

Seit Gründung der Bundesrepublik haben sich Gesellschaft und Technik stark weiterentwickelt: wir haben wesentlich mehr und intensivere internationale Vernetzungen in der Wirtschaft und in der Politik. Die Herausforderungen für Gesellschaft und Umwelt sind größer geworden und das öffentliche und politisches Geschehen wird wesentlich stärker als früher durch die Medien begleitet, kommentiert und beeinflusst. Darüber hinaus versuchen immer mehr Lobbyisten Einfluss auf die Politik zu gewinnen. Im Jahre 2012 waren in Berlin über 2000 Lobbyisten-Verbände registriert.

Zu den drei ursprünglich festgelegten Staatsgewalten Gesetzgebung (Legislative), Vollziehung (Exekutive) und Rechtsprechung (Judikative) haben sich längst zwei weitere hinzugesellt: die Medien als „Vierte Gewalt" und die Lobbyisten als „Fünfte Gewalt" (siehe Wikipedia).

Politik heute

Wie sieht der Blickwinkel des Volkes auf das politische Treiben der fünf Staatsgewalten aus? In der Transaktionsanalyse, die soziale Interaktionen beschreibt, bezeichnet man komplexe Abläufe stereotyper Transaktionsmuster, wie zum Beispiel einen immer wieder ähnlich ablaufenden Ehestreit, als „Spiel". Solche „Spiele" laufen zum Verdruss der Bürger auf politischer Ebene immer und immer wieder ab:

- Es gibt eine Herausforderung / einen Reformbedarf.

- Die regierenden Parteien beraten ggf. in eigens einberufenen Expertenkommissionen lange und kommen irgendwann zu einem neuen Beschluss oder Gesetzesentwurf.

- Es finden sich immer genügend Vertreter der Opposition, der Medien, der Gewerkschaften, der Lobbyisten usw., die an diesem Entwurf nicht viel Gutes lassen. Die Standardfloskeln sind „die Reform geht in die falsche Richtung" oder „sie geht nicht weit genug".

Auf diese Art ist immer gewährleistet, dass ein Beschluss, der alle formalen Hürden nimmt, immer genügend Gegner hat, die damit nicht zufrieden sind. Wechseln die Machtverhältnisse kommt es womöglich in politisch wichtigen Fragen zu einem teuren Hü-hott wie im Beispiel der Atomenergie mit Einstieg – Ausstieg im Jahre 2000 – Laufzeitverlängerung bzw. „Ausstieg aus dem Ausstieg" 2010 und dann doch Ausstieg 2011.

Beim Bürger bleibt der Eindruck einer nicht durchdachten und wenig überzeugenden Politik. Wurde bis vor kurzem eine Position noch vehement gegen alle Argumente politischer Gegner öffentlich vertreten, schwenkt man schnell auf eine neue Linie um, wenn dies politisch opportun erscheint.

Fraktionszwang: Hinzu kommt, dass der Fraktionszwang, der auf Abgeordnete aller Parteien ausgeübt wird, gelinde gesagt nicht ganz unumstritten ist (siehe auch Lexikon, „Fraktionszwang"). An sich darf es in der Bundesrepublik Deutschland keinen Fraktionszwang geben: In Artikel 38 Absatz 1 Satz 2 des Grundgesetzes ist unmissverständlich festgelegt: Die Abgeordneten des Deutschen Bundestages sind „an Aufträge und Weisungen nicht gebunden und nur ihrem Gewissen unterworfen." Die politische Praxis sieht dagegen ganz anders aus. Der Fraktionszwang bzw. die Fraktionsdisziplin wird nur in wenigen Fällen explizit aufgehoben.

Abgeordnete, die sich nicht daran halten, müssen mit einem extremen Druck aus den eigenen Reihen rechnen.

In jüngerer Zeit ist beispielsweise Wolfgang Bosbach als sogenannter „Abweichler" aufgefallen. Bosbach hatte sich im Herbst 2011 geweigert, für die Erweiterung des Euro-Rettungs-schirmes zu stimmen. Wie in „Die Welt" nachzulesen ist, fanden wohl erst persönliche Gespräche mit Bundeskanzlerin Angela Merkel, dem Fraktionsvorsitzenden Volker Kauder und seinem Ge-schäftsführer Peter Altmaier statt. Auf einem Treffen der Landes-gruppe Nordrhein-Westfalen, bei dem die CDU-Parlamentarier von ihrer Führung noch einmal auf die offizielle Linie „eingeschworen" werden sollten, „geschah etwas, das Beobachter als schockieren-des Erlebnis beschreiben. Kanzleramtsminister Ronald Pofalla, der ebenfalls zur Landesgruppe gehört, passte den gerade den Saal verlassen wollenden Bosbach ab und machte ihm wüste Vorhaltungen wegen seiner Verweigerungshaltung. Der Minister, so wird die Szene beschrieben, habe auf den Abgeordneten eingeredet und ihm in scharfer Form Vorhaltungen gemacht, ja sei sogar ausfällig geworden. Bosbach hingegen sei gar nicht zu Wort gekommen und schließlich völlig verdattert zurückgeblieben." (Die Welt, 01.10.2011).

„Nur dem Gewissen unterworfen" sieht nach unseren Vor-stellungen anders aus. Andererseits müssen wir zugestehen, dass sich die Parteien in einer Zwickmühle befinden. Verhalten sich Parteien und Fraktionen nicht geschlossen, gelten sie in der schril-len Kommentarlage der Medien als chaotisch, zerstritten und nicht regierungsfähig. Der Parteispitze werden offene Diskussionen schnell als Führungsschwäche ausgelegt.

Nachwuchs und Persönlichkeiten fehlen: Das bisher Gesagte mag zumindest teilweise erklären, warum den Volksparteien Nachwuchs und Persönlichkeiten fehlen. Wer sich politisch engagiert, will etwas bewegen. Sobald die Akteure feststellen, dass dies nur schwer möglich ist, und dass es statt fachlicher

Kompetenz mehr darauf ankommt, sich bei internen Macht-spielchen zu behaupten, kehren sie der Politik den Rücken zu (siehe u.a. Die Welt, Wie politische Parteien den Nachwuchs ver-graulen, 26.07.2008). Zurück bleibt dann eher „– und das in allen Parteien – der Typus des folgsamen, nur mäßig ehrgeizigen und wenig kreativen Kofferträgers, Praktikanten und Referenten der etablierten Bundestagsabgeordneten" (spiegel.de, 06.08.2006).

Reformstau: Im Ergebnis sehen wir eine Politik, die uns „Reformstau" als Wort des Jahres 1997 beschert hat. Egal wo wir hinsehen - ob Gesundheitssystem, Steuersystem, Rentensystem, Schulsystem, Banken- und Finanzsystem, Agrarpolitik – überall gibt es gravierende Mängel und Optimierungsbedarf.

Politikverdrossenheit: Wen wundert es da, dass die Bürger bei Wahlen immer weniger Lust haben, diese „Spiele" mitzuspielen. Seit den 1970er Jahren sinkt die Wahlbeteiligung. Bei Bundestags-wahlen liegt sie – trotz der Appelle und Kampagnen, doch sein Recht zur Wahl wahrzunehmen – bei ca. 70 Prozent. Bei Europa-wahlen liegt sie sogar nur bei 43 Prozent.

Nach einer Untersuchung der Friedrich-Ebert-Stiftung meinen 77 Prozent der überzeugten Nichtwähler, Wahlen seien ein hohes Gut. Sie würden aber aus Überzeugung nicht wählen, da sie mit den politischen Akteuren und Inhalten nicht zufrieden seien. Sie fordern, die Parteien sollten unnötigen Streit vermeiden und sich gemeinsam der Lösung wichtiger Probleme widmen (n24.de, 17.06.2013).

Protestwähler: Die Unzufriedenheit mit den etablierten Parteien bescheren kleinen Parteien wie den Linken, den Piraten oder der Alternative für Deutschland (AfD) mitunter beachtliche Höhenflüge. Die Piraten haben immerhin bei vier Landtagswahlen Werte von 7,4 bis 8,9 Prozent errungen. Für die AfD und die Bundestagswahl 2013 hat man ermittelt, dass sechs von zehn Wählern die AfD nicht aus Überzeugung, sondern aus

Enttäuschung über die anderen Parteien gewählt haben (faz.net, 24.09.2013).

Protestbewegungen: Immer mehr Bürger geben sich mit dem politischen Einfluss durch Wahlen nicht mehr zufrieden. Sie haben es satt, nur alle paar Jahre nach dem Motto „von den gelisteten Parteien wähle ich das geringste Übel" ihr Kreuzchen zu setzen. Viele sehen es so, wie der Student Marius Gerads, der im Stern schreibt: „Mein Eindruck ist, dass die Politik nicht für mich und meine Generation gemacht wird. Alle stieren auf den Wahltag und auf die nächsten vier Jahre. Aber wo sind die Konzepte für die nächsten 20 Jahre? Ich sehe nur einzelne, kleine Baustellen, aber keinen Plan." (spiegel.de, 19.09.2013).

Fühlen sich viele schon bei alltäglichen Fragen durch die Volksvertreter schlecht repräsentiert, ist der Weg zum „Wutbürger" nicht mehr weit, sobald eine persönliche Betroffenheit dazukommt. So wird es für die Politik immer schwieriger, Großprojekte wie Straßen, Bahnhöfe, Flughäfen oder Stromtrassen durchzusetzen.

Wie eine Studie des Göttinger Instituts für Demokratieforschung zeigt, gehen vor allem ältere Menschen mit hohem Bildungsgrad und geregeltem Einkommen auf die Barrikaden. 54,8% der Protestierenden haben einen Hochschulabschluss, 9% davon mit Promotion. Ist die Wut erst einmal entfacht, kämpfen sie mit allen Mitteln: auf der Straße, im Netz und vor Gericht.

Fazit: Das politische System ist angesichts des raschen Wandels der Rahmenbedingungen an seinen Grenzen angelangt. Für die Politiker wird es bereits auf Länder- und Bundesebene immer schwieriger, sich von Wahl zu Wahl und zwischen den Interessen von großen und mächtigen Interessensgruppen durchzulavieren. Strategisch wichtige Entscheidungen, die noch dazu unpopulär sind, bleiben dabei auf der Strecke. Im internationalen Kontext wird es noch schwieriger – egal ob Umwelt-, Klima-, Tierschutz- oder Sicherheitsfragen diskutiert werden. Irgendein Land stellt sich immer quer, weil es seine politischen oder wirtschaftlichen Interessen gefährdet sieht.

Umgekehrt wächst der Argwohn der Bevölkerung aufgrund von – aus Bürgersicht - wenig nachvollziehbaren Entscheidungen, wie etwa dem Glühbirnenverbot und Plänen zur Wasser-privatisierung. Hier liegt der Verdacht nahe, dass die Politik eher die Interessen der Großkonzerne im Blick hat als das Wohl des Volkes.

Der bisherige Text in diesem Kapitel ist gegenüber der ersten Auflage im Jahr 2014 praktisch unverändert. Inzwischen gibt es u.a. das Brexitvotum vom 23. Juni 2016, die schwedische Klima-schutzaktivistin Greta Thunberg, die mit ihren Schulstreiks eine globale Bewegung „Fridays for Future" ausgelöst hat, die Gelb-westenbewegung in Frankreich und YouTuber wie Rezo, dessen Video „Die Zerstörung der CDU" vor der Europawahl 2019 hohe Wellen geschlagen hat. Angesichts dieser Entwicklungen in wirt-schaftlich relativ guten Zeiten fragt man sich, wie dick muss der Zaunpfahl sein, mit dem man den Politikern winkt, damit sie anfangen, umzudenken?

Chancen für die Politik

Wie nun kann z.B. das Systemische Konsensieren die Politik bzw. politische Meinungsbildungsprozesse voranbringen? Gegenüber den etablierten Methoden bietet es folgende Vorteile:

Weitere differenzierte Ausdrucksmöglichkeit: Beim Konsen-sieren gibt es mehr Ausdrucksmöglichkeiten als nur „ja", „nein" und „Enthaltung" bzw. ungültig zu wählen. Jeder hat die Möglichkeit, seine Position zu jedem Wahlvorschlag zu äußern. Würde man z.B. für jede Partei einen Ablehnungswert vergeben, bekämen die Parteien ein Feedback, wie akzeptabel ihre Politik bzw. ihr Wahlkampf war. Es wäre beispielsweise hochinteressant, ob die CSU in Bayern im Sinne des Konsensierens wirklich eine

Akzeptanz-Mehrheit hat, oder ob sie einfach nur im Vergleich zu noch weniger akzeptierten Parteien vermeintlich gut dasteht.

Nicht nur bei Wahlen, sondern auch bei Meinungsumfragen würde man durch Konsensieren ein wesentlich differenzierteres Bild bekommen. Anstatt wie bisher in immer neuen Studien die gleichen Ergebnisse zu erhalten, die besagen, eine große Mehrheit sei mit ihrem Arbeitsplatz, mit der Politik, mit dem Schulsystem usw. unzufrieden, wäre es hilfreicher zu erfahren, welche Änderungen konkret konsensfähig sind. Wünschen sich die Bürger z.B. in Sachen Schule eine Abkehr vom föderalen System und mehr Zentralisierung? Oder wird eher eine noch größere Vielfalt gewünscht, die den individuellen Fähigkeiten der Schüler und den unterschiedlichen Anforderungen der Wirtschaft besser gerecht wird?

Konstruktive Einbindung von Kritikern: Durch die Aufforderung, konkrete und konstruktive Vorschläge einzubringen, trennen sich sehr schnell notorische Nörgler von den Menschen, die wirklich etwas bewegen wollen. Es ist immer einfach, ein Haar in der Suppe zu finden. Die Energie sollte aber weg vom Nörgeln hin zur kreativen Auseinandersetzung mit Sachverhalten gehen. Der Ansporn sollte sein, eigene „Suppen" zu kreieren, die die Akzeptanz möglichst vieler finden.

Anstatt sich mit dem politischen „Gegner" auseinanderzusetzen wäre es vielfach hilfreicher, gute und kreative Lösungen für die Gemeinschaft zu erarbeiten. Hier könnte auch das fachliche Know-how und das Engagement derer konstruktiv genutzt werden, die sich momentan gegen die Pläne und Beschlüsse der Politik wehren (siehe „Protestbewegung" oben).

Meinungsvielfalt: Beim Systemischen Konsensieren können grundsätzlich beliebig viele Vorschläge berücksichtigt werden. Damit ist es möglich, auch extreme oder provokante Vorschläge mit aufzunehmen und wie alle anderen zu bewerten. Sind Vorschläge nicht konsensfähig und landen weit abgeschlagen auf den hinteren Rängen, ist dies ein deutliches Signal an die „Extremisten", wie weit sich ihre Position von besser akzeptierten Vorstellungen unterscheidet.

> „Demokratie lebt vom Streit,
> von der Diskussion um den richtigen Weg. Deshalb
> gehört zu ihr der Respekt vor der Meinung des anderen."
> Richard von Weizsäcker (*1920), 1984-1994 Deutscher Bundespräsident

Vermeidung von Blockadehaltung und „Reformstau": Durch Konsensieren lässt sich immer feststellen, wie aus Sicht aller Mitwirkenden gehandelt werden soll. Es gibt eine Fragestellung, eine aktuelle Regelung und eine oder mehrere Alternativvorschläge, wie künftig verfahren werden soll. Jeder Vorschlag, der eine breitere Akzeptanz findet als die aktuelle Regelung (Passivlösung), ist eine Verbesserung. Eine Blockade durch Einzelne ist nicht möglich.

Keine Verfälschung durch sogenannte „irrelevante Alternativen": In der Sozialwahl-Theorie gibt es die Forderung, eine Wahl solle von irrelevanten Alternativen – also Lösungen, die nicht zum Zuge kommen – unabhängig sein. Dies ist in Deutschland durch die 5-Prozent-Klausel regelmäßig nicht der Fall. Die FDP schwankte in den letzten Jahrzehnten zwischen einem Scheitern an der 5-Prozenthürde und Regierungsbeteiligung. Vergleichsweise wenige Stimmen entschieden darüber, ob sie als „irrelevante Alternative" ausscheidet oder als Koalitionspartner mitregiert. Im einen Fall bleiben die Politiker, die knapp ein Zwanzigstel der Wähler repräsentieren sollen, auf der Strecke, im anderen Fall haben sie als Vertreter von etwas mehr als einem Zwanzigstel der Wähler einen Einfluss, der ihrem tatsächlichen politischen Gewicht gar nicht zusteht.

Diese Schwäche im Sinne der Sozialwahl-Theorie führt regelmäßig zu Wahlverfälschungen. Die Wähler bevorzugen

Parteien, bei denen sie eine größere Chance haben, dass ihre Stimme nicht aufgrund der Sperrklausel „verlorengeht". Dieses taktische Wahlverhalten stabilisiert die aktuellen Machtverhältnisse. Kleinere Parteien, die eventuell gute und innovative Konzepte haben, können nur schwer emporkommen. Die größeren Parteien können trotz hoher Unzufriedenheit in der Bevölkerung ihre „strahlenden Siege" feiern.

Ganz anders sind die Möglichkeiten beim Konsensieren. Da können beliebig viele Vorschläge eingebracht werden. Jeder Wahlberechtigte beurteilt jeden Vorschlag unabhängig von anderen. Und durch das Ergebnis erfahren wir über die Berechnung der Akzeptanz auch etwas über die Güte des letztlich favorisierten Vorschlags.

Im Folgenden möchte ich Beispiele aufzeigen, wie das Konsensieren im Rahmen der Politik genutzt werden kann.

Beispiel: Innerparteiliche Arbeit

Wie wir am Thema „Fraktionszwang" sehen, ist die innerparteiliche Diskussion für die Qualität von politischen Entscheidungen maßgebend. Wichtig für uns als Bürger wäre es, dass diese internen Diskussionen nicht ideologisch, sondern offen und mit dem Ziel geführt werden, gute Lösungen im Sinne des Gemeinwohls zu finden.

Angeblich gibt es vereinzelt Parteien, die intern – zumindest hin und wieder – konsensieren, um anschließend in den entsprechenden Gremien nach den formal vorgeschriebenen Abstimmungsverfahren zu votieren. Es wäre für uns Bürger, dem Souverän und Auftraggeber, sehr aufschlussreich, wenn wir sehen könnten, welche Lösungen die Parteien im Blick haben und wie sie diese letzten Endes bewerten, bevor sie mit einer mehr oder weniger ausgeprägten Einheitsmeinung an die Öffentlichkeit treten.

Leider ist es uns noch nicht gelungen, konkrete Berichte von Parteien zu erhalten, in denen sie ihre Erfahrungen mit dem Konsensieren bekannt geben.

Beispiel: Bürgerentscheide

Informatiker kennen den Spruch „Garbage In, Garbage Out" – frei übersetzt: wo man Unsinn reinsteckt kann auch nichts Vernünftiges rauskommen. Betrachten wir uns den „Stimmzettel für den Bürgerentscheid zur Bewerbung der Landeshauptstadt München um die Olympischen und Paraolympischen Winterspiele 2022" vom 10. November 2013:

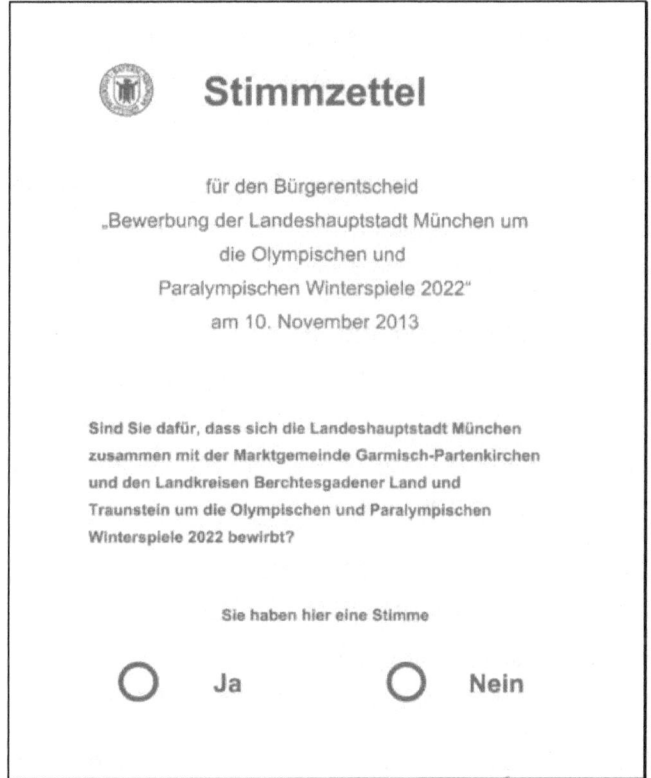

1,3 Millionen Wahlberechtigte waren aufgerufen, für oder gegen eine zweite Bewerbung Münchens für die Olympischen und Paralympischen Winterspiele 2022 zu stimmen. Die Möglichkeit zur Meinungsäußerung war – wie üblich – auch bei dieser Entscheidung von erheblicher Tragweite nur auf ein Kreuzchen beschränkt.

> „In der Welt ist es sehr selten mit dem Entweder-Oder getan."
> Johann Wolfgang von Goethe

Nach der mehrheitlichen Ablehnung gingen die Meinungen, wie das Votum zu deuten sei, weit auseinander:

- **Allgemein kritische Einstellung gegen Sport-Großereignisse**: „Ich bin der Ansicht, dass es nicht am Konzept gelegen hat. Es ist eher eine zunehmend kritische Einstellung von Bevölkerungsteilen gegen Sport-Großereignisse", sagte Münchens damaliger Oberbürgermeister Christian Ude.

- **Niederlage für den Sport in Deutschland**: Die Ski-Weltmeisterin Maria Höfl-Riesch meinte enttäuscht: "Einfach nur traurig. Eine große Niederlage für den Sport in Deutschland."

- **Zeichen gegen die Profitgier und Intransparenz**: "Das ist kein Zeichen gegen den Sport, sondern ein deutliches Zeichen gegen die Profitgier und Intransparenz beim IOC." Interpretierte "NOlympia"-Sprecher Ludwig Hartmann, Fraktionschef der Grünen im bayerischen Landtag.

- **Ökologisches Bewusstsein und Heimatliebe**: Die Einschätzung von Dr. Hubert Weiger, dem Vorsitzenden des Bund Naturschutz in Bayern lautet: „Ökologisches Bewusstsein und Heimatliebe der Bürger haben über Kommerz und Gigantismus gesiegt".

- **Feigheit**: Besonders drastisch formulierte es der Präsident der Deutschen Eisschnelllauf-Gemeinschaft DESG. Er bezichtigte die Bayern, „keinen Arsch in der Lederhose zu haben!".

- **Unvernunft** ist lt. Franz Beckenbauer für das Nein verantwortlich: „Jeder vernünftige Mensch weiß, dass man Olympische Spiele nicht oft bekommen kann. Die Chance bekommt man alle 30, 40 oder 50 Jahre. Wenn du diese Chance verpasst, dann ist es vorbei."

Zum Teil fallen die Urteile sehr klar aus. Dies könnte darüber hinwegtäuschen, dass das Ergebnis mit ca. 52% „Nein" und 48% „Ja" durchaus ausgewogen war. Die Wahlbeteiligung lag bei ca. 35% – in München mit den meisten Wahlberechtigten bei 28,8%, in den Landkreisen Berchtesgadener Land, Traunstein, Garmisch-Partenkirchen bei 38,25, 39,98 bzw. 58,8%. Rechnet man die Prozentwerte um, ergeben sich 18,2% Gegner, 16,8% Befürworter und die restlichen 65% Unentschlossene, Desinteressierte oder was auch immer.

Die nachträglichen Zahlenspiele und Interpretationsversuche sind aber müßig. Es macht von vornherein wenig Sinn, eine komplexe Fragestellung auf eine einzige simple Frage zu reduzieren, und diese dann mit einem pauschalen „Ja" oder „Nein" beantworten zu lassen. „Garbage In, Garbage Out"!

Was hätte ein mehrheitliches „Ja" bedeutet? Einen Freibrief für Investitionen in beliebiger Höhe? Eine Annahme aller Bedingungen, die das IOC an eine Bewerbung knüpft? Die Interpretationen wären bei einem anderen Wahlausgang ähnlich breit gefächert gewesen.

Wesentlich sinnvoller wäre es daher, derartige Befragungen bzw. Wahlen methodisch geschickter zu organisieren. Nur so erhält man Ergebnisse, die wirklich für sich sprechen und den Rahmen verbindlich abstecken.

Als **methodische Varianten** bieten sich in diesem Fall an:

- Konsensierung als Auswahlentscheidung oder
- Konsensierung als kreativer Prozess

Für eine **Auswahlentscheidung** würden am besten Experten die wesentlichen Alternativen ausarbeiten, möglichst knapp und präzise beschreiben, sowie der Öffentlichkeit zugänglich machen. Anstatt „Ja" und „Nein" würden die Interessensgruppen im Vorfeld das „Für" und „Wider" der Alternativen diskutieren.

In der praktischen Ausführung könnte man die Alternativen inhaltlich so differenzieren, dass die Absicherung gegen finanzielle Risiken, Umweltgesichtspunkte oder kommerzielle Aspekte unterschiedlich zum Tragen kommen.

Der Stimmzettel, der beim Bürgerentscheid zum Einsatz kommt, könnte wie folgt aufgebaut sein:

Frage: Wie gestalten wir die Bewerbung für die Winterspiele 2022?		
Nr. *)	Vorschlag	Ihr Votum
A	Wir beschränken uns auf nachhaltige Investitionen im Bereich Infrastruktur und Sportstätten. Das heißt, wir investieren nur, wenn eine Nutzung auch nach Olympia gewährleitet ist.	_____
B	Wir bewerben uns für Olympische Spiele, bei denen der Sport im Vordergrund steht. Dem IOC legen wir eine Reihe von Regeln vor, die Knebelverträge und eine zu ausgeprägte Kommerzialisierung ausschließen.	_____
C	Wir bewerben uns für die Olympischen Spiele. Die Kompetenzen für alle Detailentscheidungen legen wir in die Verantwortung der Bewerbungsgesellschaft München GmbH	_____
D	Wir verzichten auf die Bewerbung.	_____
*) Konsensierung mit 0 bis 10 Ablehnungspunkten		

Die **Konsensierung als kreativer Prozess** unterscheidet sich dadurch, dass nicht nur eigens berufene Experten Vorschläge erarbeiten, sondern dass man engagierte Gruppierungen und Interessensgruppen einbezieht, indem man sie auffordert, Grobkonzepte zu skizzieren und als Vorschläge einzubringen. Alle Gruppierungen, die sich hierzu berufen fühlen, hätten damit die Möglichkeit, ein geeignetes Grobkonzept zu erstellen und sich zu profilieren.

Vermutlich ist es sinnvoll, ein Gremium einzuberufen, das die eingereichten Vorschläge daraufhin überprüft, ob definierte Qualitätskriterien erfüllt sind (Nachvollziehbarkeit der Vorschläge, finanzielle und rechtliche Durchführbarkeit usw.).

Nach der Phase der Vorschlagserarbeitung und Diskussion sieht der Stimmzettel ähnlich aus wie bei der Auswahlentscheidung. Möglicherweise rückt man aber auch die Urheber der Vorschläge mehr in den Vordergrund und verzichtet auf eine inhaltliche Skizzierung:

Frage: Wie gestalten wir die Bewerbung für die Winterspiele 2022?		
Nr.	Vorschlag *)	Ihr Votum
A	Wir verzichten auf eine Bewerbung.	____
B	Vorschlag der Stadt München	____
C	Vorschlag der CDU/CSU	____
D	Vorschlag des NOC in Kooperation mit Sportverbänden	____
E	Vorschlag der Bürgerinitiative „Olympia – viel Sport, wenig Kommerz"	____
F	usw.	
*) Konsensierung 0 bis 10 Ablehnungspunkten		

Anhand der wichtigsten Unterscheidungsmerkmale wäre auch nach dem Votum der Bürger klar, worauf sie Wert legen. Und wir müssten nicht spekulieren ob sie zu kritisch, zu dumm oder zu feige sind.

Möglicherweise würde sich ein Vorschlag durchsetzen, der beim IOC auf wenig Gegenliebe stoßen würde, da der Vorschlag ggf. das Thema „Kommerzielle Ausschlachtung" kritisch würdigt. Mittel- und langfristig könnte dies jedoch einen heilenden Effekt haben. Dann nämlich, wenn das IOC einsehen muss, dass es nicht um die Frage geht „Olympia zu den Bedingungen des IOC – ja oder nein?" sondern um die Frage „Olympia – wie und unter welchen Bedingungen?".

Beispiel: Bürgerbeteiligung und Bürgerbefragung

Es gibt inzwischen vielfältige praktische Erfahrungen, wie das Systemische Konsensieren im Rahmen Bürgerbeteiligungen, Meinungs- und Bürgerbefragungen genutzt werden kann. U.a. gibt es Gemeinden, die einen Grundsatzbeschluss gefasst haben, Bürgerbeteiligung künftig mittels SK durchzuführen. Unter smarterlife.de gibt es unser sog. Akzeptanz-Barometer, das die Sonntagsfrage einmal ganz anders stellt. Es würde den Rahmen dieses Buches sprengen, mehr als ein Beispiel hier aufzuführen. Falls Sie Interesse an dem Thema haben, finden Sie aktuelle Informationen unter www.smarterlife-verlag.de/d/smart-entscheiden.

Interview mit Dr. Linus Strothmann

Synergien sind tragfähiger als gute Kompromisse

Dr. Linus Strothmann ist seit Juli 2019 Referent für Einwohnerbeteiligung in der Stadt Werder (Havel). Zu-vor war er drei Jahre lang in der Stadt Falkensee für die Bürgerbeteiligung zuständig.

Josef Maiwald: Das Thema Bürgerbeteiligung scheint an Bedeutung zu gewinnen. Ist das ein Modehype oder ein künftiges Muss – was antworten Sie Skeptikern?

Dr. Linus Strothmann: Es ist beides. Auf der einen Seite ist es richtig, dass das Thema Bürgerbeteiligung einen gewissen Hype aufweist. Immer wieder wird zum Beispiel generell mehr Bürgerbeteiligung gefordert, ohne dass klar ist, wofür eigentlich und was ist das Ziel ist? Dabei ist gerade auf der kommunalen Ebene oft der Kontakt zwischen ehrenamtlichen Politikern und den Einwohnern einer Stadt relativ eng und gut. Da fragen sich Kommunalpolitiker dann schon auch mal, warum es nun ein komplexes Bürgerbeteiligungsverfahren, oft verbunden mit hohen Kosten für externe Dienstleister, braucht, wenn sie doch eigentlich schon Einwohnersprechstunden, offene Fraktionssitzungen und viele Gespräche „auf der Straße" anbieten. Hinzu kommt, dass die formelle Bürgerbeteiligung zum Beispiel bei allen Bebauungsplänen seit Jahrzehnten existiert.

Auf der anderen Seite muss man aber auch betonen, dass die Vergangenheit gezeigt hat, dass gerade große Bauvorhaben, Standortentscheidungen und Entwicklungskonzepte ohne Bürgerbeteiligung meist dazu führen, dass dann in einem späten Stadium der Planung die Menschen auf die Barrikaden gehen. Eine frühzeitige Bürgerbeteiligung macht Planungen nicht komplizierter, sondern letzten Endes einfacher. Und oft haben die Menschen auch wirklich gute Ideen..

Welche Themen sind besonders geeignet?

Im Normalfall wählen wir ein politisches Gremium für vier Jahre und wissen durch Wahlprogramme auch, wer für welche Inhalte steht (so die Theorie). Bürgerbeteiligung ist vor allem bei solchen Themen sinnvoll, die entweder einen Zeithorizont haben der weit über eine Legislaturperiode hinausgeht, z.B. der Bau neuer Infrastruktur oder Stadtentwicklungskonzepte, zum anderen bei Themen, wo nicht klar ist, wie die Einwohnerschaft dazu steht, weil es im Wahlkampf vielleicht keine Rolle gespielt hat. Geeignet sind grundsätzlich Themen, bei der die Gemeinde handlungsbefugt ist und Entscheidungsspielräume hat und die eine gewisse Bedeutung für die Gemeinde als Ganzes oder zumindest für einen Teilbereich haben.

Beachten muss man aber immer, dass ein gutes Beteiligungsverfahren zuvor mit den Entscheidungsträgern abgestimmt wurde. Nur wenn die Entscheidungsträger sich z.B. grundsätzlich 5 Standorte für ein neues Freibad vorstellen können, macht es Sinn auch zu allen 5 Standorten mit Einwohnern zu diskutieren. Gibt es seitens der Entscheidungsträger bei einem Thema keine Ergebnisoffenheit, dann sollte man sich die Beteiligung vielleicht lieber sparen.

Gibt es Themen, die grade für den Start besonders geeignet sind?

Meist hat man nicht den Luxus sich „für den Start" ein Thema auszuwählen, sondern der Schrei nach systematischer Bürgerbeteiligung kommt bei konkreten Vorhaben. Wenn man den Luxus hat und eine Art „Neustart Bürgerbeteiligung" vorhat, dann bietet es sich an, sich zunächst einmal mit der Bürgerbeteiligung selbst zu beschäftigen. Was versteht man darunter? Wie kann man die Repräsentative Demokratie durch Bürgerbeteiligung stärken? Wie bringen wir mehr Menschen in den normalen politischen Prozess? Wenn man diese Fragen mit Verwaltung, Politik und Bürgerschaft diskutiert, schafft man eine gemeinsame Basis dafür, dass Bürgerbeteiligung bei zukünftigen Vorhaben gelingt. Diese Prozesse fasst man meist als Leitlinienentwicklung zusammen.

Welche Themen haben Sie schon bearbeitet?

Integriertes Stadtentwicklungskonzept, Verkehrsentwicklungskonzept, Parkraumkonzept, Standort für ein Hallenbad, Ausstattungsmerkmale des Hallenbads, Stadtspaziergänge, Nahverkehrsangebote, inklusiver Teilhabeplan, Bibliothekserweiterung u.v.m.

Welche Methoden wenden Sie am häufigsten an?

Ich unterscheide zwischen Verfahren und Methode. Sehr erfolgreich haben wir ein Verfahren immer wieder angewendet, das ich als zweifache Beteiligung bezeichnen würde. Dabei bereiten wir einen Workshop zu einem Thema, beispielsweise zum

Parkraumkonzept, mit Planern und Verwaltungsmitarbeitern vor und führen diesen Workshop dann zweimal durch. Einmal laden wir offen ein und versuchen möglichst viele Einwohner, Vereine, Initiativen und die Politik einzubeziehen. Auch mit hohem Aufwand kann man bei solchen Veranstaltungen nicht verhindern, dass sich meist doch eine recht homogene Gruppe zusammenfindet, die die Gesamtgesellschaft nur sehr schlecht widerspiegelt. In dem zweiten Workshop wählen wir daher Personen in einer geschichteten Zufallsauswahl aus dem Melderegister aus. Ich verwende dann viel Zeit darauf, diese Personen davon zu überzeugen auch zu kommen, um so auch die Menschen in den Prozess zu integrieren, die sonst fernbleiben würden. Mit dieser Art „Kontrollgruppe" bekommen wir nicht nur repräsentativere Ergebnisse, sondern oft auch eine wesentlich stärkere Meinungsvielfalt.

Was die Methoden angeht, kann man nicht eine aussuchen, die besonders geeignet ist. Es gibt aber ein paar wichtige Grundsätze, die sich bewährt haben:

1. In Kleingruppen diskutieren und arbeiten, trotzdem auch in der Gesamtgruppe die Ergebnisse nochmal zusammentragen.

2. In Kleingruppen zunächst einmal der Reihe nach alle zu Wort kommen lassen, ehe man die Diskussion öffnet.

3. Bewährt hat sich eine Dreiteilung: 1 Teil Information, 2 Teile Beteiligung mit zwei verschiedenen Methoden. Dabei gehe ich oft so vor, dass die erste Methode eher versucht Meinungen abzubilden, zu sammeln, z.B. auf Zetteln und dann darüber zu diskutieren was ist Konsens, wo ist der größte Dissens und letzten Endes auch Vorschläge zu erarbeiten. Die zweite Methode dient dann meist dem Zweck wieder zurück zu einer Gesamteinschätzung zu kommen, z.B. über Methoden zur Priorisierung, Aufstellungen zu Varianten usw.

Wie Sie schon merken, ähnelt das dem Ablauf beim systemischen Konsensieren, mit Vorschlagsphase und Bewertungsphase. Daher halte ich die Methode auch für Beteiligungsveranstaltungen für so gut geeignet. Man braucht halt beides: Das Arbeiten an Vorschlägen und die Bewertung dieser. Das systemische Konsensieren hat dabei auch den großen Vorteil, dass es in der kurzen Zeit die oft zur Verfügung steht, trotzdem zu Ergebnissen führt an denen alle gleichermaßen teilhaben konnten. Und es ist auch mit sehr großen Gruppen noch möglich.

Was sind aus Ihrer Sicht die größten Stolpersteine?

1. Zu glauben es gibt kein win/win, sondern irgendjemand muss ja verlieren.

2. Beteiligen wo eigentlich gar keine Spielräume da sind.

3. Nicht klar kommunizieren, dass die Entscheidung beim gewählten Gremium bleibt

4. Die Verwaltung und Politik nicht von Anfang an mit einbinden.

5. So zu tun als gab es bisher keine Bürgerbeteiligung. Es ist ganz wichtig, auch wenn auf den ersten Blick in dieser Richtung nichts passiert ist, nochmal genauer hinzusehen. Meist stellt sich raus: Es gab schon Versammlungen, Befragungen etc. und somit gibt es auch schon Erfahrungen.

6. Zu denken, man weiß alles. Nichts ist wichtiger als immer wieder Fragen zu stellen, sich zu versichern, dass das Gesagte richtig verstanden wurde und sich einfach eine Neugierde für die Meinung anderer zu bewahren. Und dazu gehört dann auch, alle Veranstaltungen zu evaluieren.

Und was war Ihr persönliches Highlight in Sachen Bürgerbeteiligung?

Oh, da gibt es ein paar. Eines war, als am Ende eines Workshops mit ausgelosten Einwohnern ein Herr zu mir kam und sagte, er sei überrascht, dass seine Meinung ja tatsächlich gefragt war. Ein anderes war, dass ich Menschen, die bei einer Zufallsauswahl dabei gewesen waren und zuvor nie eine Bürgerbeteiligungsveranstaltung besucht hatten, dann im nächsten Verfahren auf einer offenen Veranstaltung gesehen habe. Gerne erinnere ich mich auch an meine erste richtige große Veranstaltung mit fast 200 Personen als es um den Standort für ein Hallenbad ging. Zum Abschluss haben wir eine Aufstellung zu den drei Varianten in der Stadthalle gemacht. Jeder konnte sich im Dreieck der Varianten so aufstellen, wie er zu den Varianten stand. Diese vielen Menschen nach all den Diskussionen ihre Meinung mal mit ihrem Körper zeigen zu sehen und dabei auf einen Blick einen Eindruck zu bekommen, welche Variante vielleicht die beste ist, das war schon beeindruckend.

Bedingungen für erfolgreiches Konsensieren in der Politik

Im Wesentlichen gibt es zwei Voraussetzungen, um Konsensieren auch für wichtige gesellschaftliche Fragen zu nutzen:

Grundhaltung: Momentan ist unsere Politik ein schwieriger Balanceakt, bei dem es gilt, unterschiedliche Machtansprüche und egoistische, meist einseitig wirtschaftliche Ziele, unter einen Hut zu bringen. Wichtig wäre dagegen, mehr im Sinne des globalen Gemeinwohls zu denken und Lösungen auch dann für gut zu befinden, wenn sie den eigenen machtorientierten Zielen nicht optimal genügen, dafür aber übergeordneten Erfordernissen. Diese lösungsorientierte und dem Gemeinwohl dienende Grundhaltung wird durch das Konsensieren leider nicht garantiert, aber zumindest gefördert.

Und diese Grundhaltung ist es auch, die von einer Mehrheit der Bevölkerung geschätzt wird. Auf lange Sicht ist daher auch ein Zuwachs an Wählerstimmen und ein erhöhtes Engagement für gemeinsame Belange zu erwarten.

Fairplay nach einem gemeinsamen Votum: Wichtig wäre auch, dass Lösungen, die mit den Betroffenen bzw. mit deren Delegierten konsensiert werden, auch akzeptiert werden. Es wäre ungut, wenn beispielsweise nach einem gemeinsamen Votum einzelne Akteure versuchen würden, sich auf juristischem Wege doch noch durchzusetzen. Eine Taktik „Wir konsensieren erst einmal. Wenn dabei nicht das gewünschte Ergebnis herauskommt, streiten wir wie eh und je.", würde uns nicht entscheidend weiterbringen.

Anhang

Lexikon

Hier erläutere ich kurz, was sich hinter bestimmten Fachbegriffen verbirgt, die im Rahmen dieses Buches vorkommen.

Entscheidungsmatrix: Die Entscheidungsmatrix ist ein relativ bekanntes Entscheidungsverfahren. Sie arbeiten z.B. vor dem Kauf eines Autos Kriterien heraus, die Ihnen wichtig sind, gewichten diese, zu wieviel Prozent sie in die Lösung einfließen sollen. Die Kaufoptionen, die Sie haben, bewerten Sie beispielsweise nach Schulnoten. Das Ergebnis fassen Sie in einer Entscheidungsmatrix zusammen, die vereinfacht wie folgt aussehen kann:

Kriterien	Gewicht	Modell 1		Modell 2		Modell 3	
		Note		Note		Note	
Anschaffungskosten	50%	3	1,50	2	1,00	4	2,00
Benzinverbrauch	20%	4	0,80	5	1,00	2	0,40
Kofferraumgröße	15%	3	0,45	3	0,45	2	0,30
Zuverlässigkeit lt. Pannenstatistik	10%	2	0,20	2	0,20	3	0,30
Farbe	5%	1	0,05	5	0,25	3	0,15
Summe	100%	13	3,00	17	2,90	14	3,15

Abbildung: Entscheidungsmatrix mit gewichteten Kriterien und Noten

Würden Sie sich in diesem Fall wirklich für Modell 2 entscheiden, das im Durchschnitt die beste Note hat, bei den Kriterien „Benzinverbrauch" und „Farbe" jedoch eine 5?

Kritik an Entscheidungen per Entscheidungsmatrix: Die Aufstellung aller entscheidungsrelevanten Kriterien ist oft schwierig – ebenso die richtige Gewichtung der Kriterien und die Bewertung der Optionen nach diesen Kriterien. Oft ist das rechnerische Ergebnis intuitiv nicht nachvollziehbar und die Lösung daher nicht befriedigend.

Gruppe: Der Begriff Gruppe wird im Rahmen des Konsensierens in seiner allgemeinsten Form verwendet. Wir gehen von gleichberechtigten Mitwirkenden aus (Ausnahme „Kooperative Entscheidungsempfehlung). Dies können natürlich Personen, Rechtspersonen,

Entscheidungsträger in Organisationen und Gremien aller Art sein, aber auch Parteien im Parlament, Staaten der EU, der OSZE, der UNO und anderer internationaler Vereinigungen und Konferenzen (siehe Schrotta: „Wie wir klüger entscheiden...", S. 24).

Fraktionszwang oder Fraktionsdisziplin: Googelt man nach den Begriffen „Fraktionszwang verfassungswidrig", finden sich im Internet viele hitzige Diskussionen. Professor Gerhard Leibholz, ehemaliger Richter beim Bundesverfassungsgericht, hat die Frage bereits 1978 in einem ausführlichen Spiegel-Artikel diskutiert. Er weist darin auf einen Widerspruch hin: in Artikel 21 legalisiert das Grundgesetz einen modernen Parteienstaat; im Artikel 38 wird festgelegt, dass Abgeordnete „nur ihrem Gewissen unterworfen" seien. Beide Prinzipien stehen im Widerspruch zueinander. Das Fazit des Staatsrechtlers lautet daher: Fraktionszwang ist legitim. Die Argumentation: Der einzelne Abgeordnete wird fast ausschließlich als Zugehöriger zu einer bestimmten politischen Partei und nicht auf Grund einer besonderen persönlichen Qualifikation in das Parlament gewählt. „Der Abgeordnete ist hiernach primär seiner Partei verpflichtet und darüber hinaus dem Volk, insoweit als die Partei sich mit diesem identifiziert."

Man mag dies überzeugend finden oder auch nicht. Tatsächlich ist es gängige politische Praxis, dass die Meinungsbildung innerhalb der Parteien stattfindet. Nach außen geben sich die Parteien möglichst homogen. Alles andere würde der Parteispitze sofort als Führungsschwäche ausgelegt werden.

Heuristik: bezeichnet die Kunst, mit begrenztem Wissen, unvollständigen Informationen und wenig Zeit zu guten Lösungen zu kommen. Bekannte Heuristiken sind Versuch und Irrtum, Ausschlussregeln oder die Verknüpfung von zeitgleichen Ereignissen. Heuristiken reduzieren die Komplexität. Dadurch sind wir zwar zu erstaunlich guten Schlussfolgerungen fähig, dadurch unterlaufen uns aber auch dramatische Fehleinschätzungen.

Pacing and Leading (Schritt halten und Führung übernehmen): Konzept aus dem NLP, das besagt, dass es erforderlich ist, erst einmal Vertrauen aufzubauen, bevor man im zweiten Schritt die Führung übernimmt.

proaktiv (wörtlich: pro lat. = vor, für; activus lat. = tätig): vorausschauend aktiv. Wenn Sie mit Zahnschmerzen zum Zahnarzt gehen, ist das re-aktiv. Sie reagieren auf eine aktuelle Situation. Mehr Gestaltungsspielraum haben Sie, wenn Sie proaktiv vorgehen. Durch eine rechtzeitige Prophylaxe erkennen Sie mögliche Schwachstellen schon in einem frühen Stadium. Gemeinsam mit dem Zahnarzt können Sie dann überlegen, wie Sie diese beheben.

Ressourcen (franz. Mittel, Quelle): Gesamtheit Ihrer persönlichen Quellen, aus denen Sie schöpfen können, um Ihre Ziele zu erreichen. Der Begriff bezieht sich auf Materielles und Immaterielles: finanzielle Mittel, Boden, Rohstoffe, Energie, persönliche Stärken, Fähigkeiten, Talente, Bildung, Image, Beziehungen, Teamkollegen, usw.

SK: Kürzel für Systemisches Konsensieren

Smart sein bedeutet, anpassungsfähig, flexibel, kreativ und offen zu sein, mit Charme und Humor. Smart sein heißt, kluge Entscheidungen treffen zu können. Nach unserem Verständnis gilt: Wer wirklich smart ist, ist auch zielorientiert, effektiv, nutzt seine Intuition ohne ihr „blind" zu vertrauen, gestaltet Win-Win-Beziehungen, achtet auf Nachhaltigkeit und übernimmt (soziale) Verantwortung. Er verbessert die eigene Lebensqualität und partizipiert am Aufbau einer Welt, in der auch nachfolgende Generationen gut leben können.

Somatische Marker: Somatisch bedeutet: „das, was sich auf den Körper bezieht; körperlich" (gr. soma = Körper, Leib). Marker lässt sich am besten mit „Anzeichen" übersetzen.

Unser emotionales Erfahrungsgedächtnis bestimmt, wie wir eine Situation bewerten und interpretieren. Unser Körper reagiert entsprechend. Anzeichen für eine gute Entscheidung sind:

- Subjektives Gefühl der Stimmigkeit

- Vorfreude

- Herzklopfen

- Schmetterlinge im Bauch

Mögliche Warnsignale:

- Kloß im Hals

- Verspannungen

- Kopfschmerzen – etwas bereitet „Kopfzerbrechen"

- Übelkeit, Verdauungsstörungen – es „schlägt auf den Magen"

systemisch: Systemische Ansätze zeichnen sich dadurch aus, dass man sich nicht nur auf Personen (z. B. auf einen Patienten, Problemträger, Täter) konzentriert, sondern ein ganzes System (z. B. die Familie, eine Gruppe, eine Organisation, die Gesellschaft) samt Interaktionen und Wechselwirkungen betrachtet.

Quellen und Literatur

Dueck, Gunter: Schwarmdumm: So blöd sind wir nur gemeinsam. Goldmann: München, 2018

Gigerenzer, Gerd: Bauchentscheidungen: Die Intelligenz des Unbewussten und die Macht der Intuition. Goldmann: München, 2008

Gigerenzer, Gerd: Risiko: Wie man die richtigen Entscheidungen trifft. C. Bertelsmann Verlag: München, 2013

Leibholz, Gerhard: Abgeordnete sind der Partei verpflichtet. Der Spiegel, 9/1978

Maiwald, Josef und Liebhard, Ute: SmarterLife – Zehn Säulen für ein erfolgreiches Leben. Pabst Science Publishing: Lengerich 2010

Maiwald, Josef und Köppel, Christine: : SmarterLife: Gesundheit! Für Ihre Mitarbeiter und Ihr Unternehmen. Holzkirchen: A-BiS GmbH, 2012

Maiwald, Josef: Smart entscheiden! Systemisches Konsensieren für Führungskräfte. Holzkirchen: A-BiS GmbH, 2016, 2018[2]

Paulus, Georg / Schrotta, Siegfried / Visotschnig, Erich: Systemisches Konsensieren - Der Schlüssel zum gemeinsamen Erfolg. Danke-Verlag, Holzkirchen, 2009, 2010, 2013

Schramm, Mathias / Spiller, Achim / Staack, Torsten: Brand Orientation in der Ernährungsindustrie - Erfolgsdeterminanten der Markenführung am Beispiel genossenschaftlicher Hersteller. Deutscher Universitäts-Verlag 2004

Schrotta, Siegfried (Hrsg.): Wie wir klüger entscheiden - einfach - schnell – konfliktlösend. Styria Print GmbH, Gratkorn, 2011

Schrotta, Siegfried: LEBENDIGE DEMOKRATIE: Die Einigungskraft kooperativer Politik. Holzkirchen, DANKE-Verlag, 2018

Visotschnig, Erich und Schrotta Siegfried: Das SK-Prinzip - Wie man Konflikte ohne Machtkämpfe löst. Ueberreuter, Wien, 2005

Visotschnig, Erich: Nicht über unsere Köpfe: Wie ein neues Wahlsystem die Demokratie retten kann. oekom, München, 2018

Web: de.wikipedia.org/wiki/Geiz

Web: www.bmelv.de (Bundesministerium für Ernährung und Landwirtschaft)
19.07.2012: Verbraucherministerin Aigner: Banken und Sparkassen dürfen bei Dispozinsen ihren Kredit nicht verspielen, Pressemitteilung Nr. 207

Web: www.br.de/radio/bayern2/sendungen/eins-zu-eins-der-talk
02.08.2013: Gerd Gigerenzer, Psychologe

Web: www.dvr.de (Deutscher Verkehrssicherheitsrat)
2013: Straßenverkehrsunfälle mit Personenschaden 2012

Web: www.ing-diba.de
16.08.2013: ING-DiBa Studie 2013: Deutsche mit geringster Finanzbildung in Europa

Web: www.n24.de
17.06.2013: Die Motivation der Nichtwähler

Web: www. nolympia.de
11.11.2013: Ergebnis der Abstimmung am 10.11.2013

Web: www.report.at (Suchbegriff: eAward)
31.01.2014: Kür der Sieger des eAward 2014

Web: www.smarterlife.de
Entscheiden ohne Qual der Wahl - befragen Sie Ihr „inneres Team", Siegfried Schrotta, 2012

Web: www. sueddeutsche.de
13.12.2008: Die Aussteiger sind mitten unter uns
23.03.2012: Insolvente Drogeriekette - 70.000 Euro für Familie

Schlecker - im Monat

11.11.2013: Wenn du diese Chance verpasst, dann ist es vorbei

Web: www.spiegel.de

06.08.2006: Essay: Der politische Nachwuchs lahmt

06.06.2012: Qual der Auswahl: Entscheiden ist das Schlimmste

30.01.2013: Studie über neue Protestbewegungen: Was treibt die Wutbürger?

Web: www.stern.de

19.09.2013 Frust eines Jungwählers - Ich weiß nicht, was ich wählen soll

Web: www.tagesschau.de/inland/fraktionszwang104.html

22.09.2012: Hintergrund Fraktionszwang: Nur ihrem Gewissen unterworfen?

Web: www.wdr.de

14.03.2013: Wasserprivatisierung Marsch! Wie EU und Bundesregierung Politik für Großkonzerne betreiben, Monitor

Web: www.welt.de

30.05.2007: Jährlich 140 000 Tote durch Rauchen in Deutschland

26.07.2008: Wie politische Parteien den Nachwuchs vergraulen

02.06.2009: Die Macht der Konsumenten

01.10.2011: Empörung über Umgang mit Abweichlern im Parlament

05.06.2013: Die Fünf-Prozent-Hürde - Infos & Erklärungen

10.11.2013: Bürger lehnen Münchner Olympia-Bewerbung ab

Web: www. xpolitics.de

27.03.2013: Wie politischer Nachwuchs an Strukturen verzweifelt

Web: www.zeit.de

10.11.2013: Olympia in München fällt bei Bürgern durch

Bildnachweis: Titel: Magdi Schadt, alle weiteren Abbildungen und Fotos stammen vom Autor.

Empfehlungen

Lektüre für ein „smartes" Leben:

Zehn Säulen für ein erfolgreiches Leben

Lassen Sie sich anstiften, in ein „neues Leben" aufzubrechen – ein Leben, das von Tag zu Tag smarter wird.

Josef Maiwald & Ute Liebhard

ISBN 978-3-89967-599-3,   19,80 EUR

Resilienz – Mit Innerer Stärke den Stress meistern

Dieses Buch bietet Ihnen ein sofort anwendbares Selbsthilfe-Programm, mit dem Sie zielgerichtet und selbstbestimmt Ihr Leben in die Hand nehmen.

Josef Maiwald & Ute Liebhard

ISBN: 978-3-934051-15-7, 14,80 EUR (Buch)
ISBN: 978-3-934051-16-4,   9,99 EUR (Kindle-E-Book)

Smart entscheiden! Systemisches Konsensieren für Führungskräfte

Mit dieser Methode können Sie gerade bei Gruppenentscheidungen Konfliktpotenzial messen, benennen und dadurch auflösen.

Josef Maiwald

ISBN, 978-3-934051-11-9,   9,90 EUR (Buch)
ISBN: 978-3-934051-12-6,   6,90 EUR (Kindle-E-Book)

Die Bücher erhalten Sie unter www.smarterlife.de/shop

Der Autor

Josef Maiwald ist Dipl. Psychologe, Coach für Unternehmer und Führungskräfte.

Er arbeitet seit mehr als 30 Jahren als Berater, Trainer, Coach und Fachautor auf den Gebieten Personalauswahl, Personalentwicklung und Betriebliches Gesundheitsmanagement. Zu seinen Kunden zählen international tätige Großunternehmen genauso wie Organisationen der öffentlichen Verwaltung (Ministerien, Landratsämter, Städte und Gemeinden), mittelständische Betriebe und Existenzgründer.

Einen Schwerpunkt bilden persönliche und unternehmerische Erfolgsstrategien. Wichtig ist ihm hierbei die Balance zwischen den Lebensbereichen (geschäftlich, privat, gesellschaftlich) und im zeitlichen Horizont (kurz-, mittel- und langfristig). Wer sein Leben in diesem Sinne „smart" angeht, ist auch zielorientiert, effektiv, vertraut seiner Intuition, gestaltet Win-Win-Beziehungen, achtet auf Nachhaltigkeit und übernimmt (soziale) Verantwortung.

Er meint: „Viele arbeiten und leben heute so, als wäre das Leben ein Kurzstreckenlauf. Nicht wenige haben daher schon bald Atemnot oder ernsthafte Beschwerden. Dabei ist das Leben in erster Linie eine Langstrecken-Teamdisziplin. Zwar müssen wir zwischendurch den einen oder anderen Sprint einlegen. Viel wichtiger aber ist es, seine ‚Berufung' zu finden, die richtigen Strategien zu entwickeln und konsequent, koordiniert und kooperativ das Beste aus den Gegebenheiten zu machen. Immer wichtiger werden dabei internationale und globale Zusammenhänge."

Zum Hintergrund: Parallel zum Psychologiestudium mit den Schwerpunkten Arbeits- und Organisationspsychologie sowie Forschungsmethoden absolvierte Josef Maiwald das Grundstudium in Betriebswirtschaftslehre. Durch Projekte im Bereich der computerunterstützten Diagnostik und Pädagogik eignete er sich außerdem solide Kenntnisse im Bereich EDV und Programmierung an.

Seit 1987 ist Josef Maiwald in der Personalauswahl und –entwicklung tätig. 1997 gründete er die A-BiS Gesellschaft für Unternehmensentwicklung mbH, deren Geschäftsführer er ist. Außerdem erstellte er die Plattform smarterlife.de, die Basis für das Experten-Netzwerk SmarterLife ist. Seit 2011 ist er Vorstandsmitglied im Institut für Systemisches Konsensieren, IsyKonsens Deutschland.

Kontaktadresse für Feedback und Rückfragen

A-BiS Gesellschaft für Unternehmensentwicklung mbH
Josef Maiwald
Zeheterstr. 11
83607 Holzkirchen
Tel.: 0 80 24 / 4 77 44 57
E-Mail: entscheiden@smarterlife.de
www.a-bis.de, www.smarterlife.de, smarterlife-verlag.de

Weitere Unterstützung

Erfahrungsaustausch

Wir sind sehr an einem fachlichen Austausch zum Thema Konsensieren und an weiteren Ideen zu Einsatzmöglichkeiten interessiert. Berichte über Ihre Erfahrungen freuen uns sehr.

Xing-Gruppe

Unter www.xing.com, Menüpunkt Gruppen, Suchbegriff „konsensieren" finden Sie die Gruppe „SK-Prinzip, Systemisches Konsensieren, die demokratische Entscheidungsfindung der zweiten Generation". Hier können Sie ebenfalls Ihre Erfahrungen austauschen.

Vorträge und Kurzworkshops

Sie möchten Ihren Kollegen das Thema Konsensieren näherbringen? Gerne stellen wir in einem ein- bis zweistündigen interaktiven Vortrag oder Kurzworkshop die Kernelemente und wesentlichen Vorteile dar.

Weiterbildung für Vereinsvorstände, Projektleiter, Führungskräfte

Konsensieren ist mittlerweile ein wichtiger Bestandteil unseres SmarterLife-Talentmanagements. Jeder, der Besprechungen leitet und Entscheidungsprozesse im Team gestaltet, sollte die Methode in seinem Werkzeugkoffer haben. Wir vermitteln die Methode gerne im Zusammenhang mit Führungsthemen, Leitung von Besprechungen, Gesprächstechniken oder Projektmanagement.

SK-Moderatoren

Wenden Sie sich gerne an uns, wenn Sie erfahrene SK-Moderatoren in Ihrer Nähe suchen. Wir empfehlen Ihnen gerne jemanden aus unserem Netzwerk weiter.

Oder melden Sie sich, wenn Sie selbst an einer Ausbildung interessiert sind.

Newsletter und Update

Wir sammeln weiter interessante Praxisfälle neue Entwicklungen rund um das Konsensieren. Schreiben Sie eine kurze Mail an entscheiden@smarterlife.de und wir halten Sie gerne auf dem Laufenden.

> „Würden wir uns in die Lage des anderen versetzen, statt uns über ihn zu entrüsten, dann wäre unser Schluss zumeist der, dass wir genauso wie er gehandelt hätten."
>
> Max Philipp Albert Kemmerich (1876 - 1932), Philosoph

> „Falsche Entscheidungen: Nur ganz wenige sind so dumm, dass sie nicht durch eine falsche Entscheidung klüger werden."
>
> Jacques Bellavente

> „Wer arbeitet, macht Fehler.
> Wer viel arbeitet, macht mehr Fehler.
> Nur wer die Hände in den Schoß legt, macht gar keine Fehler."
>
> Alfred Krupp (1812-87), dt. Industrieller

Raum für Notizen

Raum für Notizen

Stichwortverzeichnis

Zeitfracht Medien GmbH
Ferdinand-Jühlke-Straße 7
99095 Erfurt, Deutschland
produktsicherheit@kolibri360.de